KRIEG UND ZUSAMMENBRUCH
AUS
FELDPOSTBRIEFEN
1914-18

VON
HARRY GRAF KESSLER

Privatdruck der Cranach-Presse
WEIMAR 1921.
(*Vertraulich*)

Von
„Krieg und Zusammenbruch aus Feldpostbriefen 1914-18"
wurden 130 Exemplare gedruckt, davon 30 auf Bütten.
Dieses Exemplar trägt die Nummer ~~78~~

und wurde gedruckt für ....

Dieser Druck ist vertraulich.
Es wird gebeten, ihn nicht zu verleihen oder aus der Hand zu geben.

Dem ersten Sammler dieser Briefe
MUSCH RICHTER

meinen toten Freunden
ALFRED HEYMEL
EBERHARD BODENHAUSEN

meinen treuen Kriegskameraden
PAUL SCHULZE
MARTIN GRZELLACK

*gewidmet
in dankbarer Erinnerung.*

Berlin, Ostern 1921.

I

Birkholz bei Beeskow, 9. August 1914.

Lieber M.

Der Krieg ist bis jetzt ziemlich friedlich. Der einzige Mann, den ich zur Strecke gebracht habe, ist ein betrunkener Reservist, den ich drei Tage kalt stellte. Sonst liegt es sich hier auf einem kleinen Rittergut bei einem alten 84 jährigen Herrn ganz erträglich. Wir bekommen jeden Tag süsse Suppe, komische Wurstarten und reichlich Fliegen in die Speisen. Aber die Stimmung ist vorzüglich und wird immer besser. Der Sieg bei Lüttich hat elektrisierend gewirkt. Alle möchten jetzt auch mal „ran" an den Feind. Aber die Fahrt hierher im Auto war lebensgefährlich. In jedem Dorfe zweimal mit Schrotflinten oder Brownings angehalten und untersucht worden „wegen des Goldautos".

II

Birkholz, 12. August 1914, Mittwoch.

Lieber M.
Keine grössere Freude hätte mir werden können als dein Brief. Das Schmerzlichste an diesem Feldzug ist ja das Abgeschnittensein. Hoffentlich habt ihr gute Nachrichten von deinen Brüdern. Helene schreibt mir aus Heiligendamm, dass Alfred auf seinem Posten in Leipzig bleibt, also nicht ausrückt. Mein Diener

Paul begleitet mich *freiwillig* ins Feld. Grossartig, nicht? Ich habe ihn bei meiner Truppe einkleiden lassen. Bitte gieb mir von Zeit zu Zeit Nachrichten von dir und deiner Mutter. Die Stimmung meiner Leute ist prachtvoll; seit der Erstürmung von Lüttich und den Siegen bei Mühlhausen und Lunéville von Siegesfreude verklärt. Nie sind Leute so in einen Krieg gezogen, so ernst und ruhig und zuversichtlich; die Stimmung *hält,* auch in schlimmen Tagen, wenn sie kommen sollten. Ende dieser Woche oder in den ersten Tagen der kommenden werden wir wohl in Feindesland stehen!
Mit besten, herzlichen Grüssen und unaussprechlichem Dank.

III

Berlin, 13. August 1914.

Lieber M.
Auf der Fahrt durch Berlin nur ein Wort zum Gruss. Leider dachte ich zu spät daran, sonst hätte ich dich gebeten, einen Augenblick an den Bahnhof zu kommen, wo wir 3/4 Stunden Aufenthalt hatten. Die Fahrt von Beeskow hierher ging durch eine fast ununterbrochene Reihe winkender Menschen hindurch. Unser langer Zug mit den eichenlaubgeschmückten Geschützen windet sich langsam durch die märkische Landschaft und diese freundlichen, bewegten Menschen hindurch. An den Bahnhöfen kommen die Roten-Kreuz-Schwestern und die kleinen

Pfadfinder und wissen nicht, was sie Einem alles Freundliches erweisen sollen. Ich habe als Höchstkommandierender ein ganzes Kupee für mich allein und reise bequemer als im Luxuszug. Die Leute, ausgestreckt auf Heu und Stroh, auch gut versorgt. Die Pferde gucken zum Fenster heraus und betrachten gedankenvoll die schönen Wiesen. So geht es in den Krieg!

IV

Jünkerath, 16. August 1914.

Lieber M.
Von ganzem Herzen danke ich dir für deine Freundlichkeit.
Der Grund meines Hierliegens ist etwas fatal. Als wir gestern früh hier ausgeladen hatten, und ich abrücken liess, überschlug sich meine irische Stute mit mir nach rückwärts auf der Bahnrampe; ich trug eine *leichte* Gehirnerschütterung und etliche Quetschungen davon, hoffe aber bestimmt, schon Dienstag wieder felddienstfähig zu sein und nachzureiten. Da ich Paul und noch einen Burschen bei mir habe, und wir gut mit Brownings ausgestattet sind, so wird dieser Ritt zwar patrouillenartig, aber nicht sehr gefahrvoll sein.
Die Fahrt hierher war unvergesslich. Den ganzen Tag rechts und links von der Bahnstrecke ein fast ununterbrochenes Spalier von winkenden Menschen; Strassen, Plätze, Brücken, Häuser dicht besetzt mit

Kindern, Frauen, Arbeitern, die mit Taschentüchern winkten, Fahnen schwenkten, Blumen warfen, „Wiedersehn" riefen; eine solche Demonstration über ein ganzes Land hin, ist wohl noch nie dagewesen. Dabei unsere Jungens immer bescheiden, ruhig, höflich, heiter ohne Überschwang, aber mit viel Humor. Alle Waggons mit Inschriften versehen, unter anderem an dem einen: „Hier werden noch Kriegserklärungen angenommen".- Den Höhepunkt erreichte die Begeisterung im Industriebezirk an der Ruhr und Wupper. Hier standen die Leute Kopf an Kopf in tiefen Reihen, um die Züge durchfahren zu sehen, in den Bahnhöfen spielten Veteranen- und Gymnasiastenkapellen, die Leute bekamen so viel geschenkt, dass sie nicht mehr wussten, wohin damit. Die Organisation ist in allen Dingen glänzend; sie allein würde uns den Sieg sichern.

V

Lüttich, 23. August 1914, Sonnabend.

Lieber M.
Bin seit vier Tagen hier, habe Vieles, zum Teil Interessantes, erlebt, und bereits zweimal: vorgestern auf einer grossen Patrouille, gestern im Artilleriegefecht, im Feuer gestanden; bin aber gut durchgekommen, obwohl die Kerls auf mich und meine Patrouille (wir fuhren im Auto die holländische Grenze bis Maaseyck ab) aus dem Chausseegraben rechts und

links herausschossen; wir natürlich feste wieder, worauf sie ausrissen.

Gestern sah ich auf dem Gefechtsfeld vor Namur die ersten Toten, gefallene Belgier. Sie sahen aus wie Puppen.

Furchtbar ist es aber, dass man so viele Zivilisten immer-wieder bestrafen muss, weil sie auf unsere Leute feuern; dass ganze Ortschaften verbrannt und zerstört werden. Das giebt grauenhafte, erschütternde Bilder und Erlebnisse. Dieser Krieg gleicht schon jetzt nicht dem von 70, sondern dem Dreissigjährigen, in seiner Furchtbarkeit. Gestern war ich in einem grossen Orte (wohl 4000 Einwohner), in dem kein Haus mehr stand, alles gestern und vorgestern verbrannt, und zahlreiche Einwohner erschossen, weil sie vorgestern zwanzig unserer Pioniere ermordet hatten. Der Anblick des Ortes war das Fürchterlichste, was ich je gesehen habe: die Verwüstung, die herrenlosen, verhungernden Haustiere, eine Familie, Grossmütterchen, Tochter, Schwiegersohn und kleines Mädchen, die auf der Strasse sassen und zusahen, wie die letzten Dachsparren ihres Hauses zur Erde brannten, und weinten, weinten ..... so ganz still und sprachlos vor sich hin.

Dagegen ist das Gefecht selbst aufregend und aufpeitschend wie Champagner. Ich musste gestern einmal zu Fuss die ganze Feuerlinie eines Bataillons entlanglaufen, während von drüben Schrapnells und Infanteriefeuer kam (allerdings miserabel schlechtes), um einem Major einen Befehl zu überbringen; nachher stand ich stundenlang bei einer Batterie, die mit ihrem vis à vis Grüsse wechselte. Man gewöhnt sich in fünf Minuten daran und interessiert sich nur noch für die Beobachtung der Treffer durch das Fernglas. Die Beklemmung ist viel geringer als auf einer Rutschbahn.

VI

Hotel de Hollande. Namur, 26. August 1914.

Lieber M.
Noch immer kein Lebenszeichen von dir oder sonst wem. Was aus den Briefen wird, weiss ich nicht. Wir werden uns aber vielleicht in den nächsten Tagen *sehen* können. Denn nun ist der Feldzug in Belgien, nach vollständiger Niederwerfung des Landes zu Ende, und wir bauen nach der anderen côté ab. Falls wir durch Berlin kommen, würde es mich ungeheuer freuen, dich zu sehen. Ich würde dir telegraphieren, durch welchen Bahnhof wir durchkommen und ungefähr um welche Zeit.
Die Einnahme von Namur war doch schwerer als die von Lüttich. Aber den grossen Krupp'schen 42 cm Geschützen kann *kein* Fort widerstehen. Die gefangenen Belgier und Franzosen schildern die Wirkung dieser Riesengeschosse als etwas ganz Grauenhaftes; bei jedem Schuss, der trifft, *schaukelt* das ganze Fort hin und her, wie wenn es einen gigantischen Faustschlag erhalten hätte: das Geschoss kracht durch fünf Meter dicken Beton hindurch und explodiert erst dann. Die meisten Gefangenen aus den Forts, die ich sah, waren fürchterlich verbrannt, das

ganze Gesicht und die Hände nur noch Brandwunden. Der Feldzug scheint überall brillant vorwärts zu gehen. Ich schätze, dass wir Ende September nach völliger Vernichtung auch der französischen und englischen Armeen in Paris stehen werden; „wir"- natürlich nicht ich, da wir jetzt hier überflüssig geworden sind.
Grauenhaft ist der Volkskrieg; man bekommt aus allen Dörfern, durch die man hindurchzieht, Feuer. Dann wird gestraft, der Ort zerstört; und trotzdem schiessen die Bauern weiter. Heute musste ich hier ein ganzes Priester-Seminar verhaften und festsetzen, aus dem auf uns gestern Abend zwanzig Schüsse gefeuert wurden.
Namur ist strassenweise zerstört. Die ganze Mitte mit dem Rathaus usw. herausgebrannt. Pferdekadaver, tote Hunde, Leichen von Belgiern lagen heute Mittag um 12 noch hier in den Strassen herum. Es stank natürlich fürchterlich.
Die arme Herzogin von Sutherland fand ich hier in einem Kloster mit ihrem Lazarett. Sie sagt, das Bombardement sei schrecklich gewesen. Wir möchten sie aus begreiflichen Gründen nicht gleich fortlassen. Vor einem Monat hatte ich sie in London als Tischdame. Das Wiedertreffen unter diesen Umständen war etwas peinlich. Der Schwager vom kleinen Seckendorff (dem Maler) der junge Winser, ist mit ihr hier als Lazarettvorstand.
Schrecklich war die aus Namur fliehende Bevölkerung, als wir durch sie beim Einmarsch hindurchritten. Alles zu Fuss auf den Landstrassen, Kinder und Greise mitschleppend, irgendein Päckchen, manch-

mal bloss ein Brot unter dem Arm; die am besten Situierten hatten sich Kinderwagen verschafft, auf denen sie Einiges mitnahmen. Diese Trupps auf der Landstrasse, die Kadaver, die von den Belgiern und Franzosen massenhaft fortgeworfenen Equipierungsstücke, Tornister, Käppis, Hosen (namentlich Hosen), die Offiziersgräber, alles das mit der brennenden Stadt im Hintergrunde machte einen unvergesslichen Eindruck.

VII

Ostpreussen, 5. September 1914.

Lieber M.

Noch vielmals muss ich dir für dein gestriges so freundliches Erscheinen in Moabit danken.
Ich sitze jetzt hier in Ostpreussen, nicht weit von den vorgeschobensten russischen Abteilungen, und freue mich der wahrhaft idyllisch schönen Landschaft; nie habe ich etwas Reizenderes gesehen als diese Gegend, bei deren Anblick man an Alles Andere als an Krieg denken muss. Und doch haben wir auch hier im Hause Flüchtlinge, die mit dem nackten Leben davongekommen sind. Inzwischen ist aber ja die grosse Wendung eingetreten und die Kosakenfurcht gewichen. . . . .

VIII

Ostpreussen, 10. September 1914.

Lieber M.
Im Geschützdonner, der jetzt schon seit gestern früh dauert, einige Zeilen. Zunächst das begeisterte Lob deines Knakkebrös, das mir schon geradezu unersetzliche Dienste geleistet hat und noch grössere leisten wird. Denn obwohl die Russen hier viel weniger schlimm gehaust haben, als gesagt worden ist, (sie haben hauptsächlich nur Taschenuhren und Butterbrote mitgenommen, die Dörfer und Gehöfte sind bis auf verschwindende Ausnahmen intakt, wenn auch etwas angeplündert, dieses aber nach allgemeiner Aussage mehr von den Flüchtlingen, die durchkamen, als von den Kosaken), also wenn die Gegend auch noch ganz freundlich aussieht, so giebt es doch recht wenig zu essen, und das Knakkebrö ist eine angenehme Abwechslung gegen das schwere Kommissbrot. Daher nochmals herzlichsten Dank.
Mir geht es ausgezeichnet; und ich bin entzückt von Ostpreussen, das landschaftlich mit zu den hübschesten Gegenden gehört, die ich kenne. Es erinnert an die reizendsten Teile Südenglands: eine einzige weite und wellige Parklandschaft, mit grünen Wiesen, herrlichen Baumgruppen, Pferden, Fohlen, schönglänzendem Vieh. Der Marsch, wenn er nicht so ewig im Schritt vor sich ginge, wäre ein einziger langer Spazierritt, allerdings begleitet von Kanonendonner und Nachts von der Lohe der am östlichen Horizonte in Brand geschossenen Städtchen und Dörfer.

Von der Aussenwelt erfahren wir nichts, insofern ist unser Zustand idyllisch. Auch schlafe ich am Rande des Schlachtfeldes in einem gänzlich leeren Hause, das nur von zwei verlassenen Gänsen bewohnt wird; Paul schlug vor, sie aus Mitleid zu schlachten, da die armen Tiere ja sonst verhungern müssten. Weil ich aber ihre Gastfreundschaft geniesse, schütze ich vorläufig noch ihr Leben.

IX

(Gegend von Südpolen) 13. Oktober 1914 Dienstag.

Lieber M.

In grosser Eile nur ein Wort, um dir für deinen freundlichen Brief und die Übermittlung derer meiner Schwester auf das herzlichste zu danken. Ich schreibe dir diese Worte beim Kanonendonner der Schlacht an der Weichsel, an der sicher auch S. teilnimmt. Seit gestern die ganze Nacht hindurch dauert dieses dumpfe Grollen der Geschütze, unterbrochen durch Infanterie- und Maschinengewehrfeuer. Auf dem Wege trifft man russische Gefangene in grossen Transportzügen (bis zu 1700 gestern in einem Zuge), deutsche Verwundete in kleinen Trupps oder einzeln, dazwischen auch russische Geschütze. Das russische Grenadier-Korps (aus Moskau) ist von uns so gut wie aufgerieben worden. Ich nahm neulich ein Geschütz mit, das unter Leichen ausgegraben werden musste; nach

zwei Tagen im Regen war es noch mit einer dicken Blutkruste bedeckt.
Das Wetter ist recht ungemütlich, fortwährend Regen und heute morgen der erste Schnee.

X

Spala, 23. Oktober 1914.

Lieber M.
Deinen sehr freundlichen interessanten Brief und den meiner Schwester, auch die wunderschöne Kartentasche erhielt ich und danke dir herzlichst für alles. Deine Befürchtungen wegen eines Vordringens der Russen bis Berlin scheinen mir gegenstandslos. Sie haben zwar gegen uns vorläufig eine grosse Übermacht, wissen sich aber nicht ihrer zu bedienen, sodass sie bestenfalls nur äusserst langsam und unter den furchtbarsten Verlusten vorwärts kommen könnten, vorläufig aber, wie die Kuh vor dem neugestrichenen Tor, hypnotisiert stehen bleiben. Sie haben nämlich eine Mordsangst vor den Deutschen und laufen einfach weg, wenn ein deutsches Detachement auf sie losgeht. Seit gestern liegen wir auf dem Jagdgut des Zaren: Spala; das Schloss selbst bis zur Ärmlichkeit einfach (sieht aus wie eine nicht besonders gute Inspektorwohnung), die Forsten aber wundervoll, und natürlich auch die Jagd. Wir haben gestern *zehn* Hirsche geschossen! Abends erhielt ich denn auch zur Feier dieses denkwürdigen Tages und zur Erhöhung der

Festesfreude, gerade ausgerechnet auf Nikis Privatgrund und Boden, das Eiserne Kreuz; ich werde Spala unter diesen Umständen nicht leicht vergessen!
Eine noch willkommenere Beute als die Hirsche waren übrigens eine grosse Menge prachtvoller Woilachs, die für die Tscherkessen-Garde hier aufgestapelt lagen, und aus denen ich den Bedarf meiner Leute zum Teil wenigstens decken konnte (leider kamen andere Truppenteile bei der Beuteverteilung hinzu). Gesundheitlich geht es uns allen nach wie vor ausgezeichnet trotz grosser Märsche und teilweise entsetzlicher Wege, auch der Wanzen und Flöhe nicht zu vergessen, die Einem die Nachtruhe rauben. - Grüsse auch die Fürstin M., von der ich gern einmal direkt etwas hörte.

XI

Czenstochau, 6. November 1914.

Lieber M.
Wir haben ernste Tage durchgemacht: ohne unsere Schuld, ja im Gegenteil als Sieger, infolge der Niederlage unserer Bundesbrüder, den grössten Teil von Polen in acht Tagen räumen müssen; allerdings ein so ruhiger, unbehelligter Rückzug, dass er fast einem Siegeszuge glich. Wir mussten zurück, weil die Österreicher die ihnen von uns übergebenen Stellungen an der Weichsel bei Iwangorod nicht hielten, sondern preisgaben, und die Russen dadurch unserer Stellung vor Warschau in die rechte Flanke und in den Rücken

kamen. Hätten die Österreicher nur noch vierundzwanzig Stunden ausgehalten, es hätte ein neues Tannenberg gegeben. Die Hauptmacht der Russen war völlig eingekreist. Dass uns der Rückzug unter diesen Umständen schmerzlich wurde, lässt sich denken; aber niedergeschlagen und entmutigt ist niemand: wir müssen die grosse Schlacht jetzt an der Grenze von Schlesien statt vor Warschau schlagen, das ist alles; und die strategische Lage ist für uns hier günstiger als dort:

1.) weil wir auf unserem Rückzuge alle Bahnen und Chausseen, Wege, Eisenbahnen *von Grund aus zerstört* haben, sodass die Russen zwischen Weichsel und Warthe *Nichts* mehr vorfinden, der Nachschub an Lebensmitteln und Munition für sie aufs Äusserste erschwert ist,

2.) wir im Gegenteil unser reich entwickeltes Bahnnetz in Schlesien und Posen im Rücken haben, das uns jede Art von Nachschub und Truppenverschiebungen erleichtert.

Infolge unseres Einfalls bis an die Weichsel hat sich also die Lage der Russen, wenn sie gegen Berlin oder Schlesien vorgehen, total geändert, da sie sehr bald von ihrer Basis so gut wie abgeschnitten sein werden. Dass sie infolgedessen bei einem solchen Vorstoss sich jetzt einer Katastrophe aussetzen, liegt auf der Hand. Insofern wird unser Feldzug in Polen, auch wenn er mit einem Zurückgehen geendigt hat, doch für den Ausgang des Krieges von entscheidender Bedeutung sein. Aber bis dahin wird es gewiss noch schwere Kämpfe geben. Wir stehen hier mit unserer kleinen Armeegruppe acht russischen Corps gegenüber und

sollen *bis zum Äussersten unsere Stellungen halten*; das wird natürlich viel Blut kosten; vielleicht aber zu einem neuen Tannenberg beitragen. Die Stimmung der Mannschaft ist trotz des Rückzugs und unerhörter Strapazen (ich machte zwei Tage hintereinander mit meinen Leuten je 70 Kilometer) ausgezeichnet; sie haben ein blindes Vertrauen in Hindenburg und beurteilen die Lage mit Ruhe und der gefühllosen Kaltblütigkeit von Generalstäblern. Dass wir siegen werden, steht für einen jeden fest, selbst wenn die Schlacht bis über die Grenze hinüberreicht.
Ich hörte neulich in Ciernievice vor Rawa während der Schlacht in der Dorfkirche von unserer Mannschaft „Ein feste Burg ist unser Gott" singen. Die Kanonen donnerten hinein; zwei Stunden hinterher kam der Befehl zum Rückzuge trotz siegreichen Vordringens; und doch *blieb und bleibt die Stimmung*: „und wenn die Welt voll Teufel wär, es muss uns doch gelingen". Der Geist unserer Leute zeigt sich allen Erschütterungen und Strapazen gewachsen; der und unsere glänzende Organisation machen den endlichen Sieg sicher. Und für den Geist unseres Volkes ist vielleicht ein schwerer Sieg besser als ein leichter.

XII

Czenstochau, 7. November 1914.

Mein Lieber!
Deinen lieben Brief und die heutige freundliche Postkarte erhielt ich mit den üblichen Verspätungen. Es beruhigt mich doch, dass du in Aktion bist; und ich denke, es ist auch für deine Frau und deine Kinder so besser. Trotzdem verstehe ich, wie sehr dieses Fernsein von der Front an dir zerrt, und kann dir nur wünschen, dass du genügend Arbeit hast, um nicht häufig daran zu denken.
Wir haben in Polen schwere aber ruhmreiche Tage hinter uns: hatten das ganze Land bis zur Weichsel unter zum Teil schweren Kämpfen besetzt, standen vor Iwangorod und Warschau; da hat leider die Armee Dankl, der wir die Stellung vor Iwangorod eingeräumt hatten, nicht standhalten können, und so sind wir trotz fortgesetzten, siegreichen Vordringens unsererseits gezwungen worden, zurückzugehen, weil die Russen uns aus den Dankl abgenommenen Stellungen in der rechten Flanke und im Rücken bedrohten. Unser Rückzug vollzog sich trotz unerhörter Anstrengungen (wir marschierten Tag und Nacht auf fürchterlichen Wegen zwei Tage hintereinander je 70 km) in musterhafter Ordnung und bei guter Stimmung der Mannschaften, die umso höher anzuschlagen war, als sie aus siegreichen Gefechten plötzlich ohne ihre Schuld zurückgenommen wurden. Das Vertrauen zu Hindenburg ist aber so tief gewurzelt, dass nichts es erschüttern kann. Jeder Mann im Glied

ist der festen Überzeugung, dass die Stellung, in die wir zurückgehen, nur die Vorbereitung zu neuen ruhmvollen Taten sein wird. Und so hoffen auch wir alle zuversichtlich.
Wir stehen jetzt mit unserer kleinen Armeegruppe (Woyrsch) ca. acht russischen Armeekorps gegenüber. Wir sollen und werden trotz unserer Minderzahl hier aushalten, solange wie es die allgemeine Kriegslage erfordert. Grosses steht auf dem Spiel, und wir haben den schwersten und ehrenvollsten Posten. Während ich schreibe, zittern meine Scheiben alle paar Minuten vom Feuer unserer schweren Artillerie; die Schlacht kommt allmählich offenbar in Gang, die Russen versuchen durchzubrechen; wo sie ihre ganze Kraft einsetzen werden, wissen wir noch nicht. Aber selbst wenn die Schlacht uns nach Schlesien hineinführen sollte, zweifelt niemand an unserem endlichen Erfolge. Hinter uns haben wir bei unserem Rückzuge sämtliche Bahnen von Grund aus zerstört; zwischen Weichsel und Warthe ist keine Brücke, kein Apparat, kein Herzstück an den Schienen mehr ganz. Die Russen stehen uns also ohne jede rückwärtige Verbindung gegenüber, ohne Nachschub an Verpflegung oder Munition, ohne jede Möglichkeit zu schnellen Truppenverschiebungen (Bahntransport) rückwärts oder seitwärts. Das ist das *entscheidende* Resultat unseres Feldzuges in Polen, auf dem bauen wir jetzt weiter. Polen selbst, auch die Bevölkerung, hat mir sehr gefallen. Es ist eine schöne, edle, leider gar zu ideal und kindlich veranlagte Rasse. Während wir um ihr Land kämpfen, liegen sie in den Kirchen und beten. Die polnischen Legionäre, blutjunge, gut aussehende Bur-

schen, treiben sich hauptsächlich, wie mir schien, in den Städten herum und berauschen sich an ihren hübschen Uniformen; in der Front habe ich noch keinen gesehen.
Sich selber allein regieren wird Polen *nie* können; das steht für mich fest. Schon die Juden würden jede *vollkommene* Unabhängigkeit Polens zu einem Desaster für die Polen selbst machen. Da Ihr, wie es scheint, keine Vermehrung eurer slavischen Bevölkerung mehr wünscht, so wird wohl nichts anderes übrig bleiben, als eine Personal-Union zwischen Polen und Deutschland mit selbstständiger polnischer Regierung.

XIII

Czenstochau, 11. November 1914.

Lieber M.
Seit Ewigkeiten hörte ich nichts von dir, schreibe dieses nur der Feldpost zu, die von Tag zu Tag schlechter wird. Man müsste einmal ein paar Feldpostbeamte aufhängen; dann würde plötzlich die Bestellung regelmässig.
Wir sitzen jetzt wieder an der deutschen Grenze, haben hier 18 russische Armeekorps gegenüber, hoffen aber doch, den Russen weiterhin empfindliche Schläge beizubringen, bis Verstärkungen aus dem Westen uns erlauben, sie endgültig zu zerschmettern. Augenblicklich ist eine grosse Operation im Gange, die das Beste verspricht. Berlin ist jedenfalls

nicht bedroht; dafür stehen uns Hindenburg und unsere Festungen. Ausserdem können die Russen eine *grosse* Armee garnicht vorwärts bekommen, da wir bei unserem Rückzuge aus Polen alle Bahnen und Chausseen total zerstört haben, so zerstört, das die Russen *Monate* brauchen werden, um sie wieder in Stand zu setzen. Die russische Armee kann weder Proviant noch Munition in genügender Menge mehr nachbekommen, noch kann sie seitliche oder rückwärtige Truppenverschiebungen schnell vornehmen; dieser schlecht verpflegten, schlecht mit Munition ausgerüsteten schwerfälligen Masse gegenüber können unsere rasch sich bewegenden glänzend ausgerüsteten Corps überall überraschend, und stellenweise, trotz der Minderzahl im Ganzen, mit Übermacht gegenübertreten. Wir sind dem riesigen russischen Kriegszug gegenüber in der Lage wie die Griechen gegenüber Xerxes; je weiter sie kommen, um so vernichtender muss schliesslich ihre Niederlage werden. Denn auch in Deutschland werden wir natürlich alles bei unserem Rückzuge zerstören; die Vorbereitungen dazu sind schon getroffen.
Als ich neulich bei Edmond de Reczke in Quartier lag, war es schmerzlich, zu denken, wie alles was er sich auf zwei Kontinenten ersungen hat, in wenigen Stunden durch das Kriegsunwetter zerstört werden sollte. Er, seine Frau und seine drei hübschen Töchter bewahrten dabei eine bewundernswerte Fassung, waren wenigstens äusserlich deutschfreundlich (wie fast alle Polen), so dass er nach Tisch sogar die „Wacht am Rhein" zum Besten gab; wohl das letzte Mal, dass ich diese einst göttliche Stimme gehört habe!.....

Dem armen Alfred Heymel soll es sehr schlecht gehen. Bitte besuch ihn doch einmal (was ihn sehr freuen wird): er liegt in irgend einem Lazarett, das bei ihm in seiner Wohnung zu erfragen ist; ich würde gern Authentisches hören.

XIV

Czenstochau, 18. November 1914.

Mein lieber guter M.
Deine freundlichen Briefe vom 18. Oktober sowie vom 12. November erhielt ich alle miteinander gestern; auch den d'Annunzio. Habe meinen herzlichsten Dank......
Vorläufig tobt die Schlacht noch vor Czenstochau, und das heftige Brummen der Geschütze klingt in das Kratzen meiner Feder hinein. Es ist aber nur eine Rückzugsschlacht; die Russen ziehen ab und suchen zu retten, was zu retten ist.
Einige Tage standen wir hier ganz allein acht russischen Corps gegenüber (im ganzen waren es zweiundzwanzig, die vormarschierten; vier sind inzwischen bei Krosnowice vernichtet worden, zwei hoffen wir noch hier abzufangen) die Sache wäre bei unseren dünnen Linien bedenklich geworden, wenn die Russen angegriffen hätten. Das taten sie aber nicht; oder richtiger erst gestern, als wir uns inzwischen so eingerichtet hatten, dass sie sich nur noch blutige Köpfe holen konnten. Jetzt ist ihr ganzes mächtiges Heer aufs Äusserste gefährdet, und das Beste, was sie noch

hoffen können, ist, einen möglichst grossen Teil (unter Opferung des Restes) über die Weichsel zurückzubringen. Mit dem „Marsch auf Berlin" ist es auch diesmal wieder nichts. Hindenburg ist eben für die russischen Generäle zu schlau und flink; sie stehen ihm gegenüber wie ein gewöhnlicher Schwergewichtsboxer dem französischen Champion Carpentier; ehe sie sich dessen versehen, sitzt irgendwo ein Hieb, der sie knockout macht. Die armen Herren können einem fast leid tun.

XV

Czenstochau, 25. November 1914.

Liebe Frau von B.
Heute kamen ihre freundlichen Gaben und ihr so lieber gütiger Brief vom 17. ds. Sie haben mir durch die Sendung und namentlich durch ihr freundliches Gedenken eine sehr grosse Freude gemacht. Man denkt so oft jetzt an die Freunde, aber doch so, als ob man sie in einer anderen längst versunkenen Welt gekannt hätte; so rührt es Einen ganz merkwürdig, wenn man erfährt, dass das Alles doch noch existiert.
Sehr erschüttert hat mich, was sie über Heymel schreiben. Eine solche Verkörperung kindlicher Güte und Treue werden wir nicht wiedersehen. In der neuen Zeit, die jetzt beginnt, wird er ganz besonders fehlen. Dehmel hatte ein sehr schönes Gedicht im Volkslied-Ton im „Tag" vom 17. Nov.

„Durch manche Stadt marschierten wir,
In manchem Dorf quartierten wir;
An manchen Friedhof gieng's vorbei,
Der Kreuze stürzten viel entzwei.
Der graue Rock ist worden fahl,
Das Feld liegt wüst und welk und kahl..."
Das ist allerschönste, prägnanteste, wirklichkeitsgetreueste Volkspoesie. Jeder Vers und jedes Bild sitzt und singt; und spricht in durchsichtigster Form das aus, was wir hier alle im Felde als unsere Stimmung verworren empfinden.
Was haben wir nicht alles schon in den kurzen drei Monaten gesehen und durchgemacht! Ja, in der Tat, meistens ist es einem so, als sei die alte Welt versunken, und nur noch dieses neue Dasein, dem Dehmels Verse Ausdruck geben, dieses Fortziehen von Brandstätte zu Brandstätte, von Leichenfeld zu Leichenfeld möglich. Die äusserste Tiefe des Jammres haben wir gleich zu Anfang in Belgien erlebt. Wer das gesehen hat, ist abgebrüht!
Und doch schimmert über diese belgischen Erinnerungen wie Gold der Glanz des raschen Sieges und die Schönheit unserer vorwärtsstürmenden Regimenter. Der Einmarsch der Maikäfer in Namur mit der Regimentsmusik an der Spitze und den tausend jungen Kehlen, die die „Wacht am Rhein" sangen, wird Zeit meines Lebens eine meiner erschütterndsten Erinnerungen bleiben. Rings herum brannte die Stadt; aber hier ging aus Flammen und Rauch ein neues Leben siegreich auf: Vorwärts über Gräber.
Im Osten haben wir hauptsächlich Landwehr, ältere Leute, die unverdrossen ihre Pflicht tun. Vorigen

Freitag machte ich mit den 46ern den Sturm auf Rudniki mit. Ihnen fehlt die Schönheit der jungen Regimenter; sie gehen wie Ackergäule in den Tod (das Regiment verlor bei diesem Sturm 400 Mann). Aber im Feuer schreiten sie schwer und wuchtig aus, wie die Arbeiter am frühen Morgen durch die Strassen einer Fabrikstadt zur Arbeit ziehen. Diese Pflichttreue, die sich selbst nicht kennt, ist das Erstaunlichste. Beim Rückwege ging ich allein über einen Acker, in den Granaten einschlugen. Der einzige andere Mensch auf diesem Feld war ein Telephonarbeiter, der ein Telephon legte. Als gerade zehn Schritt neben mir eine Granate eingeschlagen war, kam er an mich heran, den Telephondraht in der Hand und meinte: „Herr Hauptmann, ich möchte fragen, was ich tun soll? Ich bin beauftragt, das Telephon zu legen; aber der Draht ist zu kurz und die *Dinger* schlagen immerzu hier ein. Wo meinen Herr Hauptmann, dass ich Draht bekommen kann?" Er wusste sehr gut, dass er jeden Augenblick fortgeblasen werden konnte, blieb dabei aber der ganz gewöhnliche, schwerfällige, pflichtgetreue Handwerker. Belgien und die Garde waren ästhetisch schöner; aber die Eigenschaften, die uns schliesslich den Sieg geben werden, kommen vielleicht reiner in unserer Landwehr zum Vorschein.

Denn der moderne Krieg ist in seinem Wesen alles andere als romantisch. Es ist ein gigantisches geschäftiches Unternehmen, dessen Hauptarbeit in Büros, an Schreibtisch und Telephon, geleistet wird. Nichts gleicht mehr einer Bank oder den Büros einer grossen Fabrik, als ein Armee-Oberkommando während einer

Schlacht. Wenn man nicht wüsste, worum es sich handelt, könnte man annehmen, dass wichtige Orders und Börsengeschäfte abgeschlossen würden. Die Leichen, das Blut, selbst der Schlachtendonner sind weit; man merkt in diesen ordentlichen Büros, in denen so viele Beamte ein- und ausgehen, Aktenmappen aufgestapelt liegen und Telephone immerfort läuten, nichts vom Krieg. Während der Schlacht vor Warschau war ich im Generalkommando beim alten Woyrsch, und es musste auf Fusspitzen gegangen werden, weil der Kommandierende sein Mittagsschläfchen hielt. Auch habe ich mit dem Hauptmann des 42 cm Kruppgeschützes vor Namur, während er das Fort Maizeret zusammenschoss (die Besatzungen pflegten bei den Einschlägen dieses Geschützes grossenteils zu verbrennen) gefrühstückt; er unterbrach sich nur alle zehn Minuten, um eine Zahl ins Telephon zu rufen; dann erfolgte der Schuss, und wir konnten kurz darauf beobachten, wie irgendein Stück vom Fort wieder verschwunden war, einen Teil der Besatzung unter sich begrabend. Diese halbverbrannten Menschen aus den Forts von Namur sind schon das Scheusslichste, was ich in diesem Kriege gesehen habe; ihr Gesicht sah meistens aus wie ein grosser Chokoladenauflauf, in dem die Augen ganz klein und weiss wie Mandeln drinsteckten.

Sonst ist mir aufgefallen, wie gleichgültig der Ausdruck der meisten Toten auf dem Schlachtfelde ist; sie sehen aus wie Menschen, die nichts mehr zu sagen haben: weiter nichts; kein Schmerz, kein Entsetzen; auch selten nur, bei ganz jungen Menschen, das Todeslächeln: meistens bloss diese Gleichgültigkeit, das

ganz Gedankenleere von Menschen die nichts erleben.
Ich muss sagen, dass man auch mit einer merkwürdigen Gleichgültigkeit an ihnen vorbeireitet. Das bringen Krieg und Gefahr so mit sich, auch bei sehr sensitiven Menschen. In diesem gewaltigen Ringen wirkt selbst die Tragödie nur klein; das Schicksal legt andere Massstäbe an die Dinge. Aber nicht die, die uns so schmerzlich falsch aus den friedlichen Redaktionsstuben, wo die Leitartikel fabriziert werden, entgegenklingen. Merkwürdig, wie ganz geschieden man sich im Kriege von dieser Kriegsrhetorik fühlt; wie angewidert von all der hohlen Lobhudelei und Clichéküche. Nichts ist weniger rhetorisch oder im rhetorischen Sinne pathetisch als der Krieg; hier ist alles hart und selbstverständlich, nackt und klar wie ein Hochgebirge im Winter. Die Leute, die zu Hause herumlaufen und sich an der Vorstellung des Krieges aufregen, sind grotesk und widerwärtig; man sollte sie boykottieren. Auch die Korrespondenten, die so schöne Berichte von „Fahrten an die Front" verfassen. Alles das ist von einer ekelhaften Falschheit des Gefühls, pathetisch oder niedlich, aber nie übereinstimmend mit der Stimmung, die wirklich draussen im Felde herrscht. Vor allem, wie die Herren ihr Ich in den Vordergrund stellen! Während der Krieg rein sachlich ist und jedes Ich verschwinden lässt.
Wie schmerzlich ich von der Nachricht über Weimar und Henry berührt bin, brauche ich nicht zu sagen. In der neuen Welt, die sich nach dem Kriege aufbauen wird, muss auch für van de Velde ein schönerer Platz zu finden sein. Nur unsern armen Heymel werden wir

nicht mit hinübernehmen. Wie mir das ins Herz schneidet, trotz aller anderen Eindrücke, kann ich nicht aussprechen.
Von den Meinigen habe ich nur selten und unter grossen Schwierigkeiten Nachricht. Sie sind aber in Sicherheit.
Rilke scheint ganz vernichtet von den Ereignissen, wie mir Frau von Nostitz schreibt. Wissen Sie was über ihn?

XVI

(An Hugo von Hofmannsthal)

Huszt, 27. Januar 1915.

Mein Lieber!
Eine Karte, die ich an dich vorgestern aus Marmaros-Sziget schrieb mit Unterschriften einer ganzen Anzahl von Offizieren des Pflanzerschen Stabes wird, fürchte ich verloren sein. Denn weder war sie nachträglich aufzutreiben, noch fand sich irgend jemand, der bestimmt versichern konnte, dass er sie eingesteckt habe. Der äussere Anlass zu dieser Karte war ein überaus herzliches und hübsches Verbrüderungsfest zwischen diesen Offizieren (Honved-Husaren, Siebener Dragonern usw.) und uns, d. h. einem Husarenleutnant, der bei uns im Stabe ist, und mir, die wir mit Aufträgen nach Sziget geschickt worden waren. Als wir so beisammen sassen in so netter, wirklich brüderlicher Stimmung, musste ich immer wieder an dich,

an deinen letzten Brief, an deine ganze Lebenslinie denken; und so entstand diese kleine vermutlich verloren gegangene Kundgebung deutsch-österr.-ungarischer Kameradschaft an dich. In der Tat waren unsere ganzen Erlebnisse während unseres 24 stündigen Aufenthaltes in Sziget eine einzige, sich immerfort steigernde Kundgebung für diese Freundschaft. Schon die Bevölkerung, die zum erstenmale oder wenigstens zum ersten Male mit Bewustsein, deutsche Offiziere sah, empfing uns überall in den Strassen mit „Eljen-" und „Hoch-Rufen". Als wir in einen Laden traten, hatte sich sogleich eine Ansammlung vor der Tür gebildet, die uns beim Heraustreten mit Mützenschwenken und Hochrufen auf Deutschland bis an unseren Wagen begleitete. Von gut gekleideten Herren und Damen bis zum letzten kleinen Strassenjungen beteiligte sich alles an diesen Kundgebungen. Das Rührendste aber war für uns die naive Herzlichkeit, die wirkliche Liebe und Dankbarkeit, die aus den Augen und Stimmen sprach.
Abends im Hotel, wo im grossen Saale die Offiziere mit ihren Frauen an kleinen Tischen assen, und wir mit den genannten Ordonanzoffizieren der verschiedenen in Sziget anwesenden Stäbe zusammenrückten, wurde die Sache südlich temperamentvoll und grossartig. Die Musik musste immer wieder „Die Wacht am Rhein", „Gott erhalte Franz den Kaiser", „Deutschland, Deutschland über alles" spielen. Man stieg auf die Tische, liess begeistert Deutschland, Ungarn und Österreich leben; ja noch rührender: ein Honved-Husar schenkte meinem Begleiter als das Kostbarste was er hatte, seine durchschossene Feld-

mütze mit einem Amulett von seiner Mutter. Ein anderer nahm das Eiserne Kreuz und küsste es. Die Frauen beteiligten sich ebenso lebhaft und mit dem ganzen Charme dieser schönen Rasse an den Demonstrationen. Als wir gestern Morgen abfuhren, stand die Menge dicht gedrängt vor dem Hotel, die Offiziere umarmten uns, einzelne weinten. Der eine meinte naiv und hübsch: „Warum seid ihr denn überhaupt gekommen, wenn ihr uns schon sobald den Schmerz der Trennung bereiten wolltet?" Kein Zweifel, dass diese Gefühle, die bei diesem Anlasse so leidenschaftlich zum Ausdrucke kamen, echt und auch bei allen Abstrichen, die man dem südlichen Temperamente schuldig ist, tief sind, und dass die Ungarn eine grosse warme Dankbarkeit gegen die deutschen Truppen erfüllt, die zur Rettung ihrer Heimat herbeigeeilt sind. Wenn diese Gefühle richtig gepflegt und geleitet werden, wenn vor allen Dingen nichts durch Taktlosigkeiten verdorben wird, so können sie auf Jahrzehnte hinaus eine nicht hoch genug anzuschlagende Triebkraft der österreich-ungarisch-deutschen Politik darbieten. Jetzt sprechen natürlich zunächst die Kanonen.
Seit vier Tagen hat unser Übergang über die Karpathen begonnen. Unser Korps geht bei Huszt über Ökörmezö gegen Stryi; zum Teil auf Saumpfaden, auf denen wir die Russen, die die Pässe halten, umgehen wollen. Die schwere Artillerie (Mörserhaubitzen) wird stellenweise mit Winden auf die Felsspitzen emporgehisst. Gestern haben unsere Truppen schon die beherrschende russische Stellung auf der Kliwa eingeschlossen und genommen. Eine andere Abteilung ist auf Gebirgspfaden der Besatzung in den Rücken ge-

kommen und bedroht ihre Rückzugslinien. Die Russen sind in panischem Schreck geflohen; haben aber trotzdem viele Gefangene und Beute lassen müssen. Das grosse Abenteuer (denn ein solches ist es, wenn wir geschlagen würden im Gebirge, bei den entsetzlichen Wegeverhältnissen) dieses grosse, in einer phantastisch schönen und grandiosen Landschaft sich abspielende Abenteuer hat also glänzend für uns begonnen. Morgen oder übermorgen geht der Stab selbst ins Gebirge nach; und dann werden wir wohl drei bis vier Wochen heftig im Kampfe stehen, wenn die Russen nicht vorziehen, sich lieber an den Dnjestr zurückzuziehen. Jedenfalls werden sie unserer Offensive, die in der breitesten Front über die Karpathen von Rumänien bis Schlesien auf sie niederrollt, nicht lange standhalten können; namentlich da diese in der Kriegsgeschichte einzig grossartige Operation von Ludendorff persönlich geleitet wird, einem Mann von eiserner, rücksichtslosester Energie. Selbst wenn die Russen nicht schon innerlich morsch wären, müssten sie diesem gewaltigen, nicht zu parierenden Stoss erliegen. So wie sie jetzt beschaffen sind, entmutigt, ratlos, ohne Kriegsplan von einer mit dem Glanze grosser Siege umstrahlten Armee unerwartet an der schwächsten Front gepackt, werden sie zusammenbrechen innerlich und äusserlich. Man muss unsere Truppen sehen, um zu wissen, was troz Entbehrungen und schwerer Verluste eine siegreiche Armee ist; welche unwiderstehliche Kraft das Bewusstsein giebt, die erste Armee der Welt zu sein, die immer und überall schliesslich auch die grösste Übermacht geworfen hat. Ohne diesen Geist wäre auch unser ganzes Unternehmen phantastisch

und unmöglich. So hoffe ich, dass wir in zwei Monaten mit den Russen fertig sind. Sie werden, glaube ich, zusammenbrechen wie die Romanfiguren Dostojevskis in plötzlicher, unrettbarer, vollständiger innerer Auflösung.
Noch ein Wort über die Landschaft hier. Sie ist unsagbar lieblich und zugleich grossartig jetzt, wo die Berghänge mit Schnee bedeckt sind, die Kuppen wie Firnen und Gletscher glänzen. In diesen herrlich klaren Januartagen ist es ein Glück, bloss zu leben, bloss hinzugalloppieren im Morgenwinde über die weite Ebene. Die nahen Berge sind rostrot vom herbstlichen Laube der Wälder, darüber liegt immer in den tiefen Schluchten ein sammetartiger blauer Duft. Das alles spielt und glitzert wie Opal; und in der Ferne lagern darüber gross hingestreckt Schneeberge. Ich weiss nicht, warum mich überall Verse aus deiner „Dianora", aus dem „Tode des Tizian" hier verfolgen. Ich bringe sie nicht recht mehr zusammen, und doch begleiten sie mich durch diese Landschaft wie eine halberinnerte nachklingende Musik.

XVII

Huszt, 27. Januar 1915.

Mein lieber guter M.
Endlich komme ich dazu, dir in Ruhe ein paar Zeilen zu schreiben. Der Punsch ist geradezu göttlich, und nur dadurch tadelnswert, dass er Einen dauernd vor

das Dilemma stellt, ob man ihn kalt oder warm geniessen soll, da er in beiden Formen gleich vollkommen ist. Die warmen Bekleidungsstücke werden auf den Karpathen-Pässen lebensrettende Dienste leisten.

Wir sind nun schon seit acht Tagen im östlichen Ungarn, und unser Korps seit dem 23ten auf dem Vormarsch über die Karpathen. Gestern haben wir unseren ersten grösseren Erfolg errungen: den Kliwa, eine kolossale Stellung, der das Tal des Nagyag, durch das wir vordringen, sperrte, genommen und gleichzeitig den Russen weiter vorwärts den Rückzug abgeschnitten. Sie sind in wilder Panik geflohen und werden wohl zum grössten Teil gefangen werden, da schwer zu sehen ist, wie sie aus der Wirrnis von Defileen noch hinauskommen können.

Wir haben ganz enorme natürliche Schwierigkeiten zu überwinden. Unsere Geschütze werden zum Teil durch Winden auf die Felsspitzen hinauf gehisst, die Munition auf Hörnerschlitten von den Mannschaften nachgezogen, alles Gepäck auf Tragtiere verladen. Der Vormarsch geht oft auf Saumpfaden hoch an Abgründen in Schnee und Fels vor sich. Wir haben hier eine eigene Fabrik errichtet, die täglich fünfzig volle Ausrüstungen für Tragtiere liefert. Oben im Gebirge, auf den Kämmen, im Schnee, giebt es keine Dörfer mehr, kaum noch hier und dort eine Hütte: es ist eine fast vollkommen menschenleere Wildnis; das ist unser Schlachtfeld.

Was das für Ansprüche an die Ausdauer und den Geist der Leute stellt, kann man sich kaum vorstellen. Wenn sie nicht das felsenfeste Vertrauen aus zahlreichen Siegen über numerich überlegene Gegner geschöpft hät-

ten, dass sie unbesiegbar sind, wäre unser ganzes Unternehmen phantastisch und unmöglich; denn jeder Einzelne ist hier in dieser Eiswüste auf sich allein gestellt, muss ein vielgewandter, innerlich nicht zu brechender Held sein.
Gerade weil das Unternehmen so unmöglich schien, so vollkommen unglaublich, muss es aber für die Russen, die auf einen Angriff von dieser Seite in keiner Weise vorbereitet waren, verhängnisvoll werden, innerlich und äusserlich. In einer breiten Front, die von Schlesien bis Rumänien reicht, rollen wir über die Karpathen auf sie herab in ihre verwundbarste Flanke hinein, wo sie nur Truppen zweiten Aufgebots stehen hatten, weil sie sich hier sicher fühlten. Es ist zugleich ein wild-romantisches Abenteuer und eine der grössten, kühnsten Unternehmungen der Kriegsgeschichte, in so kolossalen Dimensionen und unter so unerhörten Schwierigkeiten, dieser Übergang mitten im Winter über ein felsiges, menschenleeres Hochgebirge, dass ein Vergleich selbst mit klassischen Kriegsabenteuern, wie Hannibals Übergang über die Alpen, den deutschen und österreichischen Armeen nicht gerecht wird.
Glücklicherweise ist das Wetter relativ milde, so dass die Leute weniger als wir erwartet hatten, von der Kälte leiden. Aber was auch geschieht, Ludendorff, der hierher gekommen ist und persönlich die Sache leitet, ist ein so eisenharter, verwegener, kühner Mann, dass irgendeine Schwäche in der Durchführung undenkbar ist; und der Stoss muss, wenn er die Russen trifft, sie zermalmen, oder *wir* gehen unter. Denn ein Zurück über die Karpathen für ein geschla-

genes Heer würde es nicht geben. Ich glaube auch, dass diesmal wirklich die Entscheidung fällt, und dass damit der Krieg gegen Russland zu Ende sein wird, wenn auch der Kriegs*zustand* noch länger dauern kann. Das russische Heer ist mürbe, fertig, ohne Kriegsplan, ohne Hoffnung; es muss bei der nächsten grossen Niederlage in sich zusammenbrechen.
Morgen oder übermorgen tritt das Generalkommando den Vormarsch an; wir werden hier vierzehn Tage bis drei Wochen im Gebirge sein, unsern Weg durchkämpfen und irgendwo südöstlich von Lemberg hinaus kommen. Ob in dieser Zeit Nachrichten von uns zurück gelangen, wissen wir noch nicht.

XVIII

Ökörmezö i. d. Karpathen, 1. Februar 1915.

Lieber Hugo!
Vor einigen Tagen schrieb ich dir einen langen Brief aus Huszt, in dem ich dir einen allgemeinen Eindruck von unseren Erlebnissen und nächsten Aufgaben sowie von der mich so tief ergreifenden Karpathenlandschaft zu geben versuchte. Jetzt muss ich fürchten, dass dieser Brief nie in deine Hände gelangte, da, wie ich höre, in Budapest eine sehr strenge Zensur an Briefen von der Front ausgeübt und die meisten angehalten werden.
Um dir doch ein Bild von meiner gegenwärtigen Lage und Geistesverfassung zu geben, habe ich nun Frau

von Nostitz gebeten, dir eine Abschrift von einem gleichzeitig an sie abgegangenen Brief zu schicken und den gegenwärtigen Brief zu übermitteln.
Inzwischen habe ich deinen schönen „Prinz Eugen"-Artikel mit der mir sehr nahe gehenden Widmung erhalten und bedauere umsomehr, dass dich mein Huszter Brief nicht erreicht, da er ganz im Geiste dieser Widmung geschrieben war; d. h. wir haben hier alle das Bewusstsein, dass dieser phantastische und fast übermenschliche Anforderungen an die Mannschaften stellende Karpathenübergang den entscheidenden Schlag zur Befreiung Österreichs und zur endgültigen Sicherung Deutschlands vor den Russen vorbereiten muss, wenn er die Opfer und Entbehrungen, die er auferlegt, wert sein soll. Hier sind die Interessen beider Länder augenscheinlich unlösbar verknüpft, und dieselbe Schlacht wird für beide die Entscheidung auf Jahrhunderte bringen.
Das Problematische, denn es giebt im Verhältnis zwischen Deutschen, Österreichern und Ungarn ein auch mich nicht wenig beunruhigendes Problem, beginnt erst, wo Krieg und auswärtige Politik aufhören, und man doch auch als Deutscher gezwungen ist, den inneren Zustand Österreichs und Ungarns mit ins Auge zu fassen. Ich meine nicht einmal die innere *Politik* dieser beiden Länder, sondern den viel intimeren persönlichen *Geist*, die Psyche, die innere Struktur des einzelnen Durchschnitts-Österreichers oder Magyaren. Ich werde jetzt (wenn ich ganz offen sein soll) seitdem ich im Kriege die Österreicher als Soldaten näher kennen gelernt habe, doch stutzig.
Nicht etwa, dass der einzelne österreichische oder un-

garische Soldat oder Offizier nicht tapfer, ja manchmal ganz übertrieben verwegen ist; nein der persönliche Mut eurer Soldaten ist über jedes Lob erhaben. Aber, dass sie *trotzdem* so wenig erreichen, *das* macht mich stutzig und traurig. Es muss irgend eine geheime Ursache geben, die verhindert, dass diese enorme Masse Opfermut und Todesverachtung Früchte trägt; wenigstens Früchte, die zum Aufwande in irgend welchem richtigen Verhältnisse stehen. Und ich fürchte (ich hoffe, dass ich mich irre), aber ich fürchte, dass die Ursache dieses Negativen ein gewisser durchgehender Mangel an Tüchtigkeit, an *„bon sens"*, an geschäftlichem Können, oder wie du es nennen willst, sein könnte. Nun sagst du sehr fein und treffend in deinem „Prinz Eugen", dass Österreich *„eine geistige Schaffung"* ist; ja, nichts anderes sein kann, da ihm jeder andere Zusammenhalt als eben Geist und Wille fehlt. Es ist ein Staatswesen, das sich nur durch eine überragende Tüchtigkeit und Willenskraft, zum mindesten einer Elite, konsolidieren und erhalten kann. Geist und Wille, Spannkraft und Tüchtigkeit sind für Österreich alles: ebenso wie für gewisse organisch kranke Menschen, die nur von ihrem Geiste und ihren Nerven leben und zusammenklappen müssen, wenn die Seele nachlässt. Da wird nun der weitgehende Mangel gerade an diesen Eigenschaften, ich meine an *„common sense"* und nüchterner Tüchtigkeit und Präzision, die Einem leider bei dem Durchschnitte des österreich-ungarischen Heeres auf allen Stufen auffällt, die „Schlampigkeit" und geistige Trägheit, die wie ein Krebsschaden in ihre Seele hineinfressen, ein *politisch* bedenkliches Symptom. Du musst verzeihen, dass ich so offen schreibe; aber ich möchte nicht haben, dass in einer so grundlegenden Sache dir gegenüber eine Unklarheit sich herausbildete. Gerade weil unsere Interessen so unlösbar verknüpft sind, müssen beide Länder gemeinsam der Wahrheit, auch wenn sie unangenehm ist, ins Antlitz schauen. Vielleicht, wie gesagt, irre ich mich, verallgemeinere ich Erscheinungen, die nur lokal bedeutsam sind, und besteht ausserhalb meines sehr beschränkten Beobachtungskreises eine genügend grosse und starke Schicht von Österreichern, die die nötigen sehr hohen Eigenschaften hat, um einen Staat wie den österreich-ungarischen zu leiten und allmählich zu konsolidieren. Ich hoffe das mit der ganzen Inbrunst, mit der ich Deutschland eine sichere und grosse Zukunft wünsche!

XIX

Ökörmezö, 1. Februar 1915.

Lieber M.
Wir sitzen jetzt mitten in den Karpathen in einem ziemlich weiten Hochtal, das am Fusse des von unseren Truppen vor acht Tagen gestürmten Kliwa liegt und rings von tief verschneiten Bergen umgeben ist. Der Vormarsch geht trotz der ungeheuren Schwierigkeiten, die der immer tiefere Schnee verursacht, langsam aber sicher weiter. Heute Nacht hat die österreichische Division, die uns untersteht, die Beskid Klause gestürmt, die uns seit drei Tagen aufhielt.

Jetzt können wir wieder weiter, allerdings immer unter denselben Schwierigkeiten und Sturmangriffen auf Gebirgsstellungen und Engpässe.
Das Generalkommando sitzt dabei notgedrungen ziemlich weit vom Schuss, da im Gebirge überall nur kleine Abteilungen operieren können.
Ich hause hier in einer winzigen Blockhütte, die immer mehr einschneit, mit einem sehr lieben, netten jungen Husaren, zusammen, dem ich manchmal Gedichte vorlese, und der seinerseits Musik macht (Mundharmonika!) Wir haben einen Herd, auf dem wir Tee kochen können, und einen Tisch, an dem wir schreiben. Den ganzen Tag ziehen abenteuerlich aussehende Kolonnen im Schneetreiben auf der Strasse vor unserer Hütte vorüber: Tragtiere mit tiefverschneiten Lasten, Ochsenkarren (gleich fünfzig bis hundert hintereinander), Schlitten mit Munition oder Proviant, österreichische Infanteristen, die sich kaum schleppen können; oder in umgekehrter Richtung Trupps dumpfer stuhr blickender russischer Gefangener, auf die der Schnee wie ein Schicksal niederfällt. Man sitzt wie im Kino und sieht dem Karpathenübergange zu.....

XX

Ökörmezö, 9. Februar 1915.

Lieber M.
Deine freundliche Karte nebst Beilage vom 27ten Januar richtig erhalten.

Wir stecken noch immer in Ökörmezö, mitten in den Karpathen, rücken nur langsam und mühsam vor, werden aber zweifellos durchkommen. Die Schwierigkeiten sind allerdings unerhört: nachts bisher fast immer über 20 Grad Kälte, dabei keine Unterkünfte für die Truppen, sondern nur Schneehütten; in den ersten Zeiten nicht einmal Öfen. Der Schnee so tief, dass die armen Kerls bis zum Bauch und oft bis zum Hals einsinken; auch beim Stürmen natürlich, und daher bei der Langsamkeit der dadurch bedingten Bewegungen einzeln wie die Hasen abgeschossen werden. Deshalb enorme Verluste: bei einzelnen Truppenteilen 50 Proz. und darüber; die Verwundeten, die liegen bleiben, erfrieren in ein bis zwei Stunden. Der Nachschub an Proviant und Munition zum grossen Teil auf Tragtieren oder von Menschen gezogenen Hörnerschlitten. Das alles kompliziert und zehnfach verschlimmert durch die österreichische Schlampigkeit. . . .
Hier taut es seit gestern, klarer blauer Himmel und Frühlingslüfte, nachts Glatteis. Die Gegend ist wunderbar, viel schöner als die Alpen; und ganz unberührt: eine Bevölkerung wie in Zentral-Griechenland, in grossen Schafspelzen und spitzen, Fez-artigen Pelzmützen; bildschön, gross, schlank, graziös, mit feinen, fast klassischen Zügen, vielfach blond. Ruthenen, aber hierzuland loyal.

XXI

Ökörmezö, den 23. März 1915, Dienstag.

Lieber Eberhard!
Ich war gestern zum ersten Mal seit meiner Rückkehr im Gefecht. Wir griffen innerhalb des Linsingen'schen Generalangriffs an. Hier einige Notizen:

* * *

Um zwei Uhr Morgens abgefahren, um dem Sturm auf die Passhöhe bei Wyszkow, der kurz vor Sonnenaufgang angesetzt war, beizuwohnen. Hinter dem Dorfe Toronja auf der Chaussee bei den schweren Geschützen ausgestiegen. Links auf die Höhe hinauf. Sehr kalte Nacht; der Schnee knirschte. Der Aufstieg, da es am Tage taut, sehr glatt. Kutscheba (österreichischer Pionier) und ich hatten keine Steigeisen und glitten aus. Man sah den Weg kaum, da es trotz ganz klaren sternenfunkelnden Himmels zwischen den Bergen dunkel war. Licht durfte wegen der Nähe des Feindes nicht gemacht werden. Einzelne Infanteristen schlichen im Dunkel an uns vorbei hinauf.

* * *

Oben auf dem Kamm bei Höhe 995 am Waldrand hatten die Pioniere für uns einen Stand gebaut. Als wir hinkamen, war es vier Uhr. Um 4,15: kurz vor Sonnenaufgang, sollte der Sturm beginnen. Die Russen ahnten nichts; denn nur einzelne Schüsse fielen: das übliche Nachtgeplänkel der Wachen. Dazwischen minutenlang Ruhe..... Die Nacht war ganz still. Hinter uns standen Tannen: schwarz, mit schneebedeckten Ästen unter den Sternen. Man hörte, wie von Zeit zu Zeit der Schnee von einem Zweige fiel.

* *
*

Nach Osten war der Blick frei. Dort hob sich das Gebirge dunkel und scharf von dem noch nächtlichen Himmel ab. Nur an einer Stelle schimmerte in halber Höhe weiss eine schneebedeckte Lichtung. Darüber ging ein schwarzer Strich: ein Stück des russischen Laufgrabens, der gestürmt werden sollte. Aber man sah keine Bewegung; die Russen schliefen, die Unsrigen schlichen verdeckt in den Sappen an sie heran. Krause sagte: „Dort liegen die armen Kerle, deren letztes Stündlein geschlagen hat."

* *
*

Kurz nach Vier erschien auf einem Bergkamm ein Licht. Wir hielten es für ein Signal, eine Warnung für die Russen, oder ein Zeichen, das den Unsrigen zum allgemeinen Angriff gegeben werde. Aber die Flamme schlug immer höher, löste sich vom Bergkamm, stieg meteorhaft empor, war der Morgenstern, der so strahlend aufging..... In diesem Augenblick fing unsere Artillerie an zu schiessen. Wie Blitze platzten Schrapnells vor den dunklen Berghängen uns gegenüber, weisse Sprengwölkchen blieben hängen und vereinigten sich allmählich miteinander; langsam hüllten sich die Wälder und die weisse Lichtung unten ganz in Pulverdampf.

Jetzt erwachten auch die Russen. Ein Maschinengewehr von ihnen ratterte: Tak, Tak, Tak; abermals nach einer kurzen Pause ganz schnell hintereinander achtmal Tak, Tak, Tak, Tak, Tak, Tak, und immer wieder rasend schnell Tak Tak Tak. Die russische Infanterie nahm das Feuer auf, aber aufgeregt, heftig, regellos wie Leute, die aus dem Schlafe aufgeschreckt sich halb verwirrt verteidigen, ohne zu zielen; denn Infanteriegeschosse kamen bis zu uns ausserhalb des Gefechtsfeldes herübergeflogen, schwirrend, in Schwärmen, wie Hornissen, immer zahlreicher. Man sah noch nichts von den Truppen, obwohl die Dämmerung schon ganz licht war. Der Kampf ging offenbar ganz in den Sappen und Schützengräben vor sich.

* *
 *

Wir gingen deshalb weiter vor auf den äussersten linken Flügel unseres Angriffs. Hier war der Beobachtungsstand unserer Haubitzenbatterie. Gegenüber lag, den Pass beherrschend, die Höhe 977, auf der die Russen fest eingegraben liegen. Man sah im Schnee den russischen Laufgraben, und unsere Granaten dort einschlagen; aber auch hier nichts von Truppen oder Kampf. Wir warteten. Und jetzt ging die Sonne auf: dieser Stand hatte freien Ausblick auch nach Westen; und ein mächtiges Schneegebirge fern im Westen fing die ersten Strahlen auf: die Gipfel wurden rosa, die Schatten zart-grün, der Himmel hing darüber wie blauer Dampf. Im Beobachtungsstand wendeten sich alle trotz des Feuers diesem Schauspiele zu, das mitten in der Schlacht so fremdartig erhaben wirkte.

* * *

Bald nachher flaute das Feuer in unserer Mitte ab; die russische Stellung musste dort genommen sein. Wir gingen deshalb nach unseren ersten Gefechtsstand zurück; und als wir uns gegen halb Sieben diesem Standorte näherten, wurden auch die ersten russischen Gefangenen schon gebracht, sechzig Mann, denen mehr folgen sollten. Die Begleitmannschaften erzählten, dass sie die Russen schlafend in ihren Gräben überrascht hätten; ein heftiger Kampf mit Handgranaten und blanker Waffe habe sich entsponnen, die Verluste aber seien gering, die russischen Stellungen in unseren Händen.
Krause gab nun Kutscheba und mir den Auftrag, hinunterzugehen und bei den Regimentern 75 und 35, die gestürmt hatten, Näheres zu erfragen. Ein ausgetretener Weg führte durch den Wald abwärts. Stellenweise waren Stufen in den Schnee eingehauen; vielfach aber gab es nichts als abschüssiges glattes Eis, auf dem wir ausrutschten. Auf diesem Wege kamen die Verwundeten vom Verbandsplatz herauf nach rückwärts, einige auf Tragbahren oder Schlitten, andere schleppten sich zu Fuss. Der erste, der mir begegnete, ein Österreicher, hatte unter dem Verbande eine dick geschwollene, halb versengte Backe. Er konnte nur mit Mühe den Mund öffnen, redete uns aber an und sprach aufgeregt und wirr wie ein Betrunkener Etwas von einem russischen Offizier, den er erstochen habe.

Der Offizier hatte ihm eine Handgranate ins Gesicht geschleudert, er ihm, soviel man verstehen konnte, das Bajonett in den Leib gerannt. Ihm lag daran, uns zu beschreiben, wo er den Säbel des Offiziers gelassen habe, damit wir es seinem Hauptmann sagten, falls wir ihm begegneten. Dann kam schrecklich stöhnend ein Russe auf einer Tragbahre mit einem Bauchschuss. Einzelne abgeirrte Kugeln von anderen Teilen des Schlachtfeldes surrten noch immer vorbei, ohne die Ruhe der Verwundeten oder Träger zu stören. Auf halber Höhe stiessen wir auf den Verbandplatz, eine aus Tannenreisig und Zeltbahnen gebaute Hütte. Davor standen drei oder vier Tragbahren mit Schwerverwundeten. Dem Ersten, einem Russen, hatte eine Handgranate das Gesicht fortgerissen. Die Augen waren ausgelaufen, Nase und Lippen nur noch eine blutige, geschwollene und versengte Fleischmasse umrahmt von einem blonden Vollbart; ein Mudschik. Er bewegte sich nicht, aber atmete. Auf einer anderen Bahre lag wimmernd mit offenen grossen blauen Augen, aus denen unaufhörlich Tränen flossen, ein Österreicher, ein junger Unteroffizier. Wir gingen weiter immer an Verwundeten vorbei durch den Wald und kamen bald an die Unterstände des 75ten Regiments, die, ähnlich wie der Verbandplatz, Hütten aus Tannenreisig und Zeltbahnen waren: im Schutze des Waldes eine kleine Laubenstadt. Ein österreichischer Hauptmann kam uns entgegen, den wir fragten, wo der Führer des Regimentes sei? Er antwortete unbestimmt und erzählte vom Gefecht, während er uns durch den Laufgraben in den Schützengraben führte, aufgeregt und zusammenhangslos wie ein leicht Angetrunkener.

Der österreichische Schützengraben war tief eingesenkt in den Boden des Urwalds; Baumwurzeln und alte umgestürzte Stämme waren quer durchschnitten. Eine hohe Brustwehr schloss ihn nach vorn ab gegen die Russenstellung, die etwa vierzig Meter davon ähnlich ausgebaut war. So haben sich beide Teile hier sechs Wochen lang unaufhörlich schiessend gegenüber gelegen. Deshalb ist der Wald dazwischen durch das Infanteriefeuer ganz gelichtet, alle Äste heruntergeschossen, nur noch zerfetzte nackte Baumstämme; der Boden ein Gewirr von Holz und Zweigen mit dichtem Schnee bedeckt, auf dem hier und da Tote und Verwundete, kleine graue Häufchen, liegen. Mannschaften gingen herum und suchten, hoben die Verwundeten auf, trugen sie behutsam fort, während andere Soldaten beschäftigungslos in dichten Haufen mit Offizieren durcheinander den Schützengraben füllten. Wir fanden den Oberstleutnant, der uns den Stand des Gefechts und seine Dispositionen angab. Vor einer Viertelstunde sei die letzte und best verteidigte russische Stellung, der Hügel mit dem Maschinengewehr, auch genommen worden. Er trat auf die Brustwehr und zeigte, wo seine Leute gestürmt hätten. Die Mannschaften umstanden uns in einem dichten Knäuel, während er redete. Plötzlich drängte sich ein Leutnant durch und meldete mit irren Blicken und so aufgeregt, dass er kaum sprechen konnte, er habe soeben noch sechs Russen, darunter Offiziere, eigenhändig gefangen. Das Gefecht wirkt auf die meisten wie Alkohol; man glaubt zuerst, sie seien betrunken.

* * *

Wir setzten jetzt unseren Weg fort zum Regiment 35, das auf dem rechten Flügel angegriffen hatte, und über dessen Erfolg nichts bekannt war. Hierzu mussten wir nach der Strasse hinunter, die jetzt von den Russen, weil sie dort Reserven vermuteten, unter schwere Artillerie genommen worden war. Wir gingen zunächst weiter im Schützengraben, der sich in vielen Windungen labyrinthisch zwischen Wurzeln und Baumstämmen am Berg hinunterzog, und dann durch den Wald gerade auf die Strasse zu. Je näher wir an diese herankamen, um so lauter wurde das Getöse der schweren russischen Granaten. Plötzlich heulte eine über unsere Köpfe weg und explodierte mit einem mächtigen Knall zweihundert Meter weiter im Waldboden. Zweige raschelten herunter, und schon kam eine zweite und platzte links in einer Lichtung. Je weiter wir vordrangen, umso näher kamen sie über unsere Köpfe weg, der Strasse zufliegend; meistens im Gebüsch vorher krepierend. Wir aber mussten immer tiefer über Baumwurzeln auf dem glatten Boden in diesem vereisten Wald, der eine Hölle war, hinunter. Kutscheba, der bald vor mir bald hinter mir herkletterte, bewahrte seine gute Laune und Entschlossenheit; er sagte später, es sei der schönste Tag seines militärischen Lebens gewesen. - Als wir die Strasse erreicht hatten, bogen wir auf ihr nach links ein, um zu den 35ern zu kommen. Aber kaum waren wir ein paar Schritte gegangen, da kam eine Granate krachend von links durch die Baumkronen und schlug rechts etwas unterhalb der Strasse ein. Ich sah mich um nach den zerzausten Bäumen und hörte gleich schon das Heulen einer zweiten Granate, die im selben Augenblick in die schneebedeckte Böschung links zwei bis drei Schritt über mir einschlug. Sie musste in der nächsten Sekunde platzen. Ich warf mich instinktiv hin, und gleich kam die Explosion: dann einen Augenblick eine Art von Stille, und dann regneten Granatsplitter, abgerissene Zweige, Schnee wie aus einem Eimer auf mich nieder. Während ich aufstand und mich schüttelte, kam Kutscheba, der einige Schritt vor mir war, zurückgelaufen; er glaubte, ich sei tot. Ich hatte aber eigentlich Nichts empfunden, - oder Etwas so Verworrenes, ein solches Durcheinander kaum geborener erstickter Gedanken, ein so formloses leeres Warten auf etwas Ungeheures, das sich nicht denken lässt, - dass es dem Nichts gleich war.

* * *

Wir erledigten unseren Auftrag bei den 35ern und stellten nebenbei fest, dass beide Regimenter zusammen heute im Gefecht etwas über sechshundert Gefangene gemacht hatten. Dann kehrten wir auf demselben Wege wieder zurück. Der Aufstieg im Granatfeuer war noch aufreibender als der Abstieg. Wir konnten uns danach vorstellen, was die Leute leisten, wenn sie unter solchen Bedingungen stürmen; wie die Überanstrengung auf die Nerven, diese wieder auf den Körper zurückwirken, so dass bald eine qualvolle Erschöpfung eintritt.
Schliesslich erreichten wir den Schützengraben und krochen durch dessen Windungen wieder zurück zur Hauptstellung der 75er. Dort wurde, als wir hinkamen, gerade ein Toter über die Böschung hereinge-

hoben; der Kopf hing mit einer Wunde in der Stirn nach unten, der Rest war nur ein Bündel blutgetränkten Tuchs. Ich weiss nicht, was die Kameraden eines solchen Toten fühlen, wenn sie ihn so wiedersehen; der Fremde ist dem Fremden im Gefecht fast Nichts.

* * *

Am Verbandplatz, an dem wir wieder vorbeikamen, lagen jetzt nur noch wenige Verwundete unversorgt. Leichtverwundete stiegen mit uns den Berg hinauf, um nach Toronya ins Lazarett zu gehen.
Es war jetzt zehn Uhr. Der Kommandierende war eben auf dem Gefechtsfelde eingetroffen und stand auf halber Höhe im Walde. Wir stiegen mit ihm hinauf zu dem Stand, wo wir bei Sonnenaufgang waren, und von wo man die Höhe 977, auf 1500 Meter Entfernung, überblickt.
Im russischen Schützengraben bewegten sich zwei oder drei Gestalten, kleine schwarze Silhouetten. Ich bemerkte jetzt erst eine Sappe, die durch den Schnee in der Richtung auf die russische Stellung vorgetrieben war; sie bohrte sich den Berg hinauf und lief über einen Teil der Kuppe wie eine Raupenspur. Zwischen der Sappe und dem russischen Graben lagen auf dem Schnee vier dunkle Haufen in regelmässigen Abständen hintereinander; man erkannte durch das Glas vier deutsche Infanteristen, eine Patrouille, die aus der Sappe vorgegangen war: alle vier tot, auf einen Schlag umgelegt. So wie sie nach der Vorschrift in gleichen Abständen hintereinander hergegangen waren, so lagen sie jetzt in einer Reihe wie Hasen nach

der Jagd auf dem Schnee, ein ergreifendes Bild preussischen Heldentums: denn keiner von ihnen konnte als er aus der Sappe vorging, erwarten, dass er lebend zurückkehre, und doch hatte keiner die Haltung verloren: bis zum letzten Augenblick waren sie wie auf der Potsdamer Wachtparade - in welcher Herzensnot lässt sich denken - hintereinander hermarschiert im richtigen Abstand, nach Vorschrift.
Unser Artilleriefeuer gegen die Höhe hatte jetzt nachgelassen, wahrscheinlich um den Infanterieangriff nicht zu stören. Aber von diesem war noch nichts zu merken, und deshalb kehrten jetzt die Russen von hinten in ihren Schützengraben zurück: einzeln, oder zu Zweien, Dreien liefen sie wie flinke Püppchen durch die Tannen über den Schnee zu ihrer Stellung und kletterten hinein. Bald hatten sie auch uns bemerkt: die vielen bunten Mützen des Stabes in unserem Stand; und Infanteriegeschosse schwirrten herüber, dann plötzlich surrend ein Schrapnell, das aber nicht krepierte, sondern blind dreissig Meter hinter uns in den Schnee fiel, gleich darauf ein zweites, drittes, die, ohne Schaden anzurichten, platzten. Ein viertes, wieder ein Blindgänger, schlug neben Gerock in den Stand. Kein Zweifel: die Artillerie hatte uns aufs Korn genommen. Da der Stand nichts war als eine Furche in einem Schneefeld, mussten wir hinaus; Kommandierender, Ordonnanzoffiziere, Begleitmannschaften duckten sich und krochen mühsam auf allen Vieren durcheinander zum Ausgang des Standes im Walde.
Krause ging zur Telephonstellung, fragte, wie es mit dem Angriff stünde. Die Antwort war unklar, Gerock beschloss, zum Brigadestab unten bei Toronya zu ge-

hen und von dort selber einzugreifen; Caracciola und ich mussten mit. So gingen wir auf dem Höhenkamm durch den Wald und entfernten uns allmählich aus dem Gefecht. Es war Mittag, die Sonne brannte warm, kleine Vögel zwitscherten in den nackten Zweigen, ein türkisblauer wolkenloser Himmel wölbte sich über die Bergformen, die in ihrem Schneekleid gewaltig schienen. Die Kanonen donnerten noch immer; aber die Schlacht war von diesen riesenhaften Massen des Gebirges und vom Frühling wie verschluckt.

XXII

Ökörmezö, 9. Mai 1915.

Liebe H.
Wie soll ich mich entschuldigen, dass ich erst heute Ihnen schreibe, obwohl Sie mir so grosse Freude schon vor langer Zeit durch Ihre Sendungen, und namentlich durch die beiden reizenden Photographien gemacht haben. Oswald scheint ja ein prächtiger kleiner Kerl zu sein, und die ganze Familie, so sauber militärisch aufgebaut in den hellen hübschen Räumen, macht einen so überzeugend charakteristischen Hindenburg-Nostitzschen Eindruck, dass ich ordentlich Heimweh bekam nach einer Tasse Tee bei Ihnen. Aber wann wird mir dieser Wunsch erfüllt werden? Und da man nicht absieht, wann man wieder mündlich plaudern kann, erlischt allmählich auch die Lust zur schriftlichen Aussprache. Man ist wie in einer anderen Welt,

in einer Art von "Jenseits", von dem keine Wege menschlicher Verständigung oder Gedanken mehr in die alte Heimat zurückführen. Manchmal kommt irgendein Sendbote aus dem Frieden zu uns her, und dann fühlt man an der Atmosphäre, die er mitbringt, die Grösse der Kluft, die das Friedensklima von unserm hellen, harten, aber doch so geheimnisvoll von allerlei Kräften und Spannungen durchzitterten Kriegsklima trennt.
Neulich war aus jener andren Welt Sven Hedin hier, und ich beauftragt, ihn etwas an unserer Front herumzuführen. Er brachte einen ganzen Stab mit: Schweden, Generalstäbler, Offiziere aus dem grossen Hauptquartier; und reist inmitten dieser wie ein Fürst durch den Krieg. Ich sollte ihn „nicht zu sehr ins Feuer führen" und wählte deshalb eine Tour, wo verhältnismässig wenig einschlägt. Wir bekamen in der Tat nur drei schwere Granaten und eine kleine Lage Schrapnells, die niemandem etwas taten.
Auch sonst hatten wir einen herrlichen Tag, und ich konnte Hedin bei dem klaren Wetter von einer Höhe unsere ganze Front zeigen, die sich mehr als 40 Kilometer, Schützengraben gegen Schützengraben, über Berg und Tal hinstreckt. Man sieht die beiden dünnen Linien, die deutsche und die russische, immer wieder auftauchen, bald hoch oben dicht bei einander auf einer Schneehalde wie zwei feine schwarze Pinselstriche, bald unten im Grünen zu beiden Seiten eines Baches: winzige braune Wälle mit spielerisch kleinen Schiessscharten. Es erscheint kaum glaublich, dass zwei so nichtige Linien in dieser Natur, wo Bergriese hinter Bergriese aufsteigt, *die*

Grenze, eine weltgeschichtliche Grenze sind.

* * *

Um Hedin doch einen Begriff vom Kriege auch aus der Nähe zu geben, brachte ich ihn zum Schluss noch in einen unserer vordersten Schützengräben, den wir nach dem Sturm am 22ten März hinter der Passhöhe angelegt haben. Es war inzwischen dunkel geworden, und der Mond, das erste Viertel, erhellte nur ganz schattenhaft die Strasse, die wir hinauffuhren. Wir erkannten in der milchigen Dämmerung blos, wie das Tal immer enger wurde zwischen finsteren Waldhöhen. Schliesslich an der letzten Kehre vor dem Pass erschienen plötzlich im Walde viele kleine Lichter; und dann undeutliche Umrisse von flachen Hütten aus Reisig, die sich duckten zwischen hohen Tannen: Unterstände des 35ten österreichischen Regiments dicht hinter seinen Schützengräben.
Wir stiegen aus, da man über die Passhöhe wegen des feindlichen Feuers nicht im Wagen hinüber kann. Der Kommandeur der 35er, der verständigt war, kam heran und zeigte uns zuerst seine Hütte, einen kleinen, aber schrapnellsicheren, behaglichen Raum. Dann einige Schritte weiter das gemeinsame Grab eines Hauptmanns und eines Fähnrichs, die am 22. März beim Sturme fielen. Hütte und Grab dicht bei einander. Die Toten liegen hier in einer Art von provisorischen Kameradschaft mitten zwischen den Lebenden; die Grenze verwischt sich fast, wo keiner weiss, ob nicht ihn im nächsten Augenblick der Tod trifft. Der Fähnrich

hatte, wie der Kommandeur sagt, neunzehn Wunden; einen Körper *wie ein Sieb*, als man ihn zurücktrug.

* * *

Weiter hin wurde der Wald gegen die Höhe zu immer lichter, und schliesslich waren es nur noch einzelne kaum mannshohe Baumstumpfe: Millionen von Infanteriegeschossen haben auch den Wald durchsiebt, Ast für Ast und Baum für Baum verwundet, durch die lebenden Stämme zahllose Löcher gerrissen, die Kronen fortgeblasen, den Stumpf geknickt, Tausende von Spähnen herumgestreut. Schauerlich ragte die Waldruine in den Mondschein.
Gerade wo das Holz fast ganz verschwunden und nur noch eine kahle Lichtung geblieben ist, schneidet der frühere österreichische Schützengraben die Strasse. Jenseits der Lichtung, etwa fünfzig Schritt weiter, liegt der erstürmte russische. Dazwischen sind im Gewirr von abgeschossenen Ästen und zersplitterten Baumstämmen jetzt bei der Schneeschmelze allmählich viele Leichen von Russen und Österreichern herausgetaut. Kreuze, die man nur undeutlich im Mondenschein von den Trümmern des Waldes unterscheidet, stehen zwischen den Baumresten. Die Strasse senkt sich gerade hier nach Norden, und in der Tiefe hört man einen Wildbach rauschend hinuntereilen.
Hinter dem alten russischen Graben, etwas weiter abwärts, fängt der unverletzte Wald wieder an: ein mächtiger Naturwald, hohe volle Tannen, durch die der

Mond kaum hindurchscheint. Im schwachen Lichte, das noch durchkam, erkannten wir nach einigen Schritten, quer vor uns, wie eine dunkle Mauer die österreichische Stellung, eine Schanze aus gewaltigen quergelegten Stämmen nach Art eines Blockhauses, einen Riegel über die Chaussee, der rechts und links in den Wald verschwindet; mehr als mannshoch, mit Schiessscharten, jede mit einem schussbereit aufliegenden Gewehr, vor dem regungslos, den Blick durch die Scharte hinaus nach dem Feind gerichtet, ein Posten steht. Zweihundert Schritt weiter ist der Russe. Man horcht in die Nacht, ob sich drüben Etwas regt; doch nichts ist zu hören, nur das eintönige Rauschen des Giessbachs in der Tiefe. . . . . . Stille in der Nacht dicht am Feinde! Stille wie die grosser Dome; wie die unhörbare Nähe Gottes in der Weite grosser Dome. Und die Posten gleichen in ihrer steinernen, erhabenen Starre Priestern.

* * *

Wir gingen in die Unterstände, die in den Schützengraben selbst eingegraben sind. Die Mannschaften schliefen; atmeten ruhig wie müde Tiere Nachts im Stall. Einer drehte sich seufzend um, als wir die Tür aufmachten; die Andern lagen schwer, steif, traumlos.
Eine kleine Pforte führte aus der Schanze gegen den Feind; draussen waren Hindernisse: Pfähle, spanische Reiter, gespannter Draht. Davor liegen unsichtbar im dichten Unterholz Horchposten.
Jeder ungewohnte Ton ist nachts hier verdächtig.

Kein lautes Wort; Flüstern. Aber das Leben geht doch weiter. Bei verdecktem Feuer kochen Mannschaften in einer Mulde hinter der Schanze ab, essen, wärmen sich, lachen leise; eine dünne Rauchwolke zieht im Mondschein durch den Wald nach der Lichtung.
Ich muss an dieses Alles heute besonders lebhaft denken, weil wir heute Nacht einen russischen Schützengraben, in dem es wohl ebenso zugeht, ebensolche totmüden Schläfer und Wachen sind, in die Luft sprengen. Der Tod bricht hier schrecklich in den Schlaf ein. So war es schon am 22ten, wo unsere Truppen sie schlafend überraschten, herauszogen, niederstachen. Und doch bildet sich auch zwischen den feindlichen Truppen mit der Zeit eine Art von Kameradschaft. Während eines Waffenstillstandes, der geschlossen wurde, um die Toten zu begraben, kamen die Russen in unsere Schützengräben, und Leute von uns besuchten sie in den ihrigen. Zu Ostern schickten sie sogar durch einen Parlamentär Brot und Salz und Ostereier. In Ökörmező arbeiten die gefangenen Russen mit den Österreichern und Deutschen zusammen an allerlei friedlichen Arbeiten und vertragen sich recht gut mit ihnen. Das Morden ist offenbar keine dem Menschen natürliche Verkehrsform: denn er greift, sobald er kann, auf gemütlichere Manieren zurück. Der Krieg ist schliesslich nur eine Episode; und damit muss man sich trösten, wenn die Tasse Tee bei Ihnen hier im Felde manchmal gar zu verführerisch erscheint. Auch sie wird noch einmal näher heranrücken und über den Krieg doch endgültig den Sieg davontragen.

XXIII

12. Juli 15.

Mein lieber M.
Deine drei lieben Briefe, sowie den reizendern deiner Frau Mutter, habe ich erhalten und bin trotzdem, oder vielleicht gerade weil ich mich so über sie gefreut habe, nie recht zum Schreiben und Danken gekommen. Nun fährt aber F. heute nach Deutschland, leider definitiv zurück und so gebe ich ihm in Eile diese paar Zeilen mit. Mir geht es körperlich ausgezeichnet, trotz der ziemlich grossen Anstrengungen und Aufregungen des Dnjestr-Überganges, den ich als Nachrichtenoffizier bei unserer österreichischen Division mitmachte, fünf Tage und Nächte wirklich heldenhafter, erbittertster Nahkämpfe, in denen *beide Teile* das Äusserste geleistet haben. Auch die Russen waren grossartig. Fünfzehn Gegenangriffe in einer Nacht, die Leichen zu Haufen geschichtet, bis zehn Schritt vor unseren Gräben. Ich schreibe vielleicht noch Näheres; denn es waren Kämpfe, wie sie wohl selten in der Kriegsgeschichte vorgekommen sind, homerisch, jeder einzelne Mann ein Achill oder Hektor.
Wir waren aber nachher auch alle mit unseren Nerven fertig. Unsere Division verlor 5000 Mann von den 11000, die sie zählte, die Russen das Doppelte oder Dreifache, zahlreiche ertrunken, verwundet, weggeschwemmt, man konnte sie nicht retten. Ein ganzes österreichisches Bataillon lag tot in einem Holz am Ufer, der Bataillonskommandeur an der Spitze,

den Revolver noch in der Hand; im Getreide ganze Furchen voll Leichen, Kopf bei Fuss, in Reihen hintereinander, zwischen blühendem, wehendem Mohn. Viele noch im Tode betend, die Hände verkrampft zum Himmel gestreckt. Andere ganz nackt, junge Burschen wie Marmor: sie hatten sich im Todeskrampf alles heruntergerissen; darüber Millionen von Fliegen: der Gestank! Und dazwischen kämpfen, ausharren, fünf Tage und fünf Nächte! Wie gesagt, vielleicht schreibe ich dir noch ausfürlicher darüber. Vorläufig ist es kaum möglich.
Übrigens werden wir morgen abtransportiert, kommen zu Mackensen an den Bug. Dort wird es wieder heiss hergehen.

XXIV

25. Juli 15. Trzeszczeny (bei Grubieszow am Bug).

Lieber M.
Auch dieser Brief wird, fürchte ich, kurz werden, da die Fliegen keine Ruhe lassen (man weiss nicht, was Fliegen sind, wenn man nicht Bugfliegen kennt); aber ich will dir doch mitteilen, dass meine Adresse jetzt anders lautet, und zwar nicht mehr Südarmee, sondern *Kaiserlich Deutsche Bug-Armee*. Im Übrigen wie früher, also Gen. Kom. XXIV. usw.
Ich bin von Lemberg allein der Armee nachgeritten. Blieb dort einige Tage zurück, um nach dem armen Paul zu sehen und mir wieder Wagen, Koffer und

Sachen zu kaufen.*) War von Lemberg angenehm überrascht. Prachtvoll üppiges, verrücktes polnisches Barock (wie übrigens auch in Stanislau). Man sieht, woher der Dresdner Zwinger stammt, wenigstens der Geist, aus dem er entstanden ist. Ich kenne eine hübsche Polin, die gewiss unbewusst im selben Geiste mit etlichen Bonnards, Renoirs, venezianischen Spiegeln, Koromandel Lackschirmen die amüsanteste und reizendste Wohnung von Paris geschaffen hat.**) Das muss so polnisch sein!

Man lebt in Lemberg sehr lustig, halb italienisch, halb südfranzösisch; überall riecht es wie in Marseille nach Knoblauch und Patschuli, und abends promeniert man auf der Piazza wie in Rom: hübsche Mädchen, zerlumpte Jungen, Offiziere, Kaftanjuden, ausländische Kokotten, auch Pariserinnen, Beutegut aus russischer Hand. (Vorsicht geboten!) Das Bild ist wirklich bunt und eigenartig in der Abendfrische so gegen sechs Uhr im klaren galizischen Abendlicht; und nur die russischen Gefangenen, die hier allerlei städtische Dienste verrichten, und unsere biederen preussischen

---

*) Der Transport des Generalkommandos stiess vor Lemberg mit dem des Oberkommandierenden Linsingen zusammen. Unter den Schwerverletzten war mein Diener Paul Schulze.

**) Die schöne Mme. Edwards (geb. Godebska), die in gleicher Weise auch Menschen durcheinanderwirbelte: Nijinski mit Millerand, Réjane oder Diaghilew oder d'Annunzio mit irgendeinem eminenten Mystiker. Ihre geistige Umgebung setzte sie zusammen aus prickelnden Arabesken. Sie entzückte sich an dem was (unübersetzbar) auf Französisch „*fantaisie*" heisst. Weiter östlich, beim Russen wühlt die slawische „*fantaisie*" die Seele auf, geht in Zerrissenheit, Nihilismus, Schöpfungswehen über; bei den Polen bleibt sie an der Oberfläche, glänzt blos als Laune, Abenteuer.

Gendarmen erinnern sichtbar an den Krieg.
Allerdings hinter den Kasernen auf einem kleinen Hügel wird abends auch gehängt. Täglich irgend ein verräterischer Bürgermeister oder „russophiler" Pfarrer. Das ist der Hintergrund. Aber den sieht man kaum; erst mein Bursche machte mich darauf aufmerksam, nachdem er erlebt hatte, wie ungarische Honveds eine ganze Familie, Vater, Mutter und Tochter aufknüpften.

* * *

Nördlich von Lemberg auf der Strasse nach Rawa-Ruska kommt man durch die Gegend, die die Russen bei ihrem Rückzuge verwüstet haben; wirklich kaum zu glauben, was und wie verwüstet! Jedes Dorf gleicht einem kleinen Pompeii. Meistens sind nur die Schornsteine, säulenartig aufragend, und Haufen von Holzasche und Ziegelsteinen zurückgeblieben; dazwischen die wie in Pompeii so eigenartig suggestiven Gassen mit ihrem Pflaster, nur gespickt hier von armen, verbogenen Laternenpfählen. Einzelne Bewohner und halb verhungerte Haustiere irren in den Ruinen herum; die meisten sind geflohen, umgekommen, mitgenommen, ... man weiss nicht!
Dabei lacht ringsherum das Land, Getreidefelder wechseln mit Parks ab, in denen nur das Herrenhaus zerstört ist, die Rosenstöcke blühen: das ganze Land ein Garten um diese Trümmerstätten. In Solkiew, einer sauberen kleinen Renaissancestadt, haben sie das grosse Renaissanceschloss auf dem Markte angesteckt. Warum? Man versteht nicht. Sie hausen

wie bösartige dumme Kinder, sengen, verwüsten, beschmutzen ohne jeden Zweck und Witz, schneiden z. B. den Familienbildern die Augen aus, oder wenn es Frauen sind, die Brüste und den Schoss; verrichten auf einem eigens dazu gedeckten und mit dem Familien-Porzellan gezierten Esstisch in symmetrischen Abständen ihre Bedürfnisse. Sind dabei, wie die Polinnen versichern, charmant; tanzen auf jeden Fall göttlich, schlagen sich wie die Löwen und haben Dostojewski hervorgebracht. Es ist etwas Unlogisches im Russen, das verblüfft.

* * *

Von Solkiew bis Rawa-Ruska säumt die ganze Chaussee 32 Kilometer lang ein einziger Schützengraben, Schützenloch neben Schützenloch. Hier setzte sich Mackensen nach seinem grossen Durchbruch und schwenkte nach Norden gegen Warschau. Diese mächtige Schrift in der Landschaft imponiert, hat Stil.

* * *

Rawa-Ruska, in das ich bei Regen und sinkender Nacht kam, ist ein elendes Judennest, ausserdem verseucht mit Cholera, zur Hälfte abgebrannt, und nach Asche und Chlorkalk stinkend. Die unendliche Erniedrigung der in der Dunkelheit an den Hausmauern entlang schleichenden, fast kriechenden Kaftangestalten deprimiert noch mehr als der Schmutz und der Regen.

* * *

Am nächsten Tage ging es nach Russland hinein.
Dieser zweite Eintritt in Russland war wirklich eindrucksvoll, ja schauerlich. Von der Grenze an ist das Land vollkommen leer; kein Mensch, kein Tier, die Russen haben Alles mitgenommen, vor sich hergetrieben, ganze Menschenherden mit samt ihrem Vieh und ihren Haustieren, damit wir in der vollkommenen Öde umkämen. Der Eindruck ist erschütternd, benimmt den Atem, wird zu einem Alb. Man reitet durch das reiche, wohlbestellte, blühende Land, und kein Mensch ist zu sehen, kein Tier, nicht einmal irgendein verlassener Hund; nichts, das atmet oder sich bewegt: nur endlos, so weit das Auge reicht, auf niedrigen Bodenwellen Getreide! Und darüber der grau rieselnde, traurige Regenschleier. Märchenartig, wie das Vordringen des Prinzen in den verzauberten Dornröschengarten, ist das Einreiten in diese grüne, goldgelbe, nur vom Winde bewegte Getreidewüste.

* * *

Die Dörfer sind natürlich auch leer; vielfach unversehrt, aber ganz ohne Bewohner.*) Die Scheunen voll, die Gärten noch blühend in Sommerbuntheit, aber alle Türen und Fenster offen, nirgends ein Laut, eine Bewegung!
Ich übernachtete in einem solchen Dorfe, ging nachts auf der Dorfstrasse spazieren. Die weissen Häuser leuchteten in der hellen Sommernacht, unter alten, wunderschönen Bäumen, die leise rauschten; doch nir-

---
*) Unversehrt waren sie leider nur dicht hinter der Grenze.

gends in einem Fenster ein Licht, nur gähnende schwarze Löcher, wo Fenster und Türen gewesen waren; überall eine gespensterhafte Stille, Dunkelheit, Tod.

* * *

Endlos sollte sich nach dem Plan der Russen diese Leere vor uns ausstrecken. Zum Glück ist ihre Absicht ihnen aber nur zum Teil gelungen. Die unter Drohungen und Versprechungen von ihnen mitgenommenen Einwohner rieseln ihnen durch die Finger, fliehen, kehren zurück. Einzelne Häuser in den Dörfern sind schon wieder bewohnt. Die Ernte wird zum Teil eingebracht. Man trifft jämmerliche Trupps von Bauern in den Wäldern, Kinder, dünn bekleidet, durchnässt, irgend ein armseliges Bündel schleppend, mit verschreckten, noch des Entsetzens vollen Augen, seit Tagen ohne Nahrung: so kommen sie in ihr Dorf zurück, finden oft kein Dach, kein Heim, nur eine Brandstätte.

Man wird im Kriege stumpf; sonst käme man aus dem Jammer über dieses Elend nicht heraus. Viel geht jetzt hier bei unseren Gefechten in Flammen auf. Doch das ist das Normale im Kriege; jene Austreibung eines ganzen Volkes Etwas einzig Grauenhaftes.

* * *

Dass wir hier gut vorwärts kommen, weisst du aus den Zeitungen. Vorgestern und gestern machte unser Korps über 3000 Gefangene.
Gestern Nachmittag war ich beim Sturmangriff auf

Teratyn. Ein Artilleriefeuer, wie man es selten sieht.
Springbrunnen von Qualm und Erde, die schliesslich
die ganze Gegend in eine Art von dickem braunem
Rauch hüllten. Die Russen wie immer gewaltig verschanzt. Aber wir dringen schliesslich doch vor. In
wenigen Tagen hoffen wir, in Cholm zu sein. Leider
ist Mutius gestern von uns fort; er hat die 4te Garde-Infanterie-Brigade bekommen. Mir geht es gesundheitlich gut. Was giebt es politisch Neues? Bitte um
Dichtung und Wahrheit.

* * *

P. S. Heute Nacht greifen die Russen zur Abwechslung einmal wieder an. Es donnert draussen fortgesetzt. Ich habe Dienst, sitze am Telephon und werde
wohl eine unruhige Nacht haben.

* * *

11. 30. Nachts (25. VII) Zwischen zwei Telephongesprächen schreibe ich für dich folgende Eingabe der
Frau eines Landwehrmannes ab, die uns „zur Äusserung" zugegangen ist:

„An S. M. Kaiser Wilhelm II. trete ich Ehefrau
mit der Bitte, meinen Ehemann für eine der jetzigen
Kriegszeit entsprechende Zeit zu beurlauben. Ein
gewisser Grund infolge eingetretener Krankheit
liegt nicht vor; doch ist es aber dafür Sorge zu tragen,

dass bei Wiederausbruch eines neuen Krieges unser Vaterland, vielmehr S. M. Kaiser Wilhelm, genügend Soldaten zur Verfügung gestellt bekommt. Bäume, die keine Früchte tragen, werden ausgehoben und ins Feuer geworfen, zu welchen unfruchtbaren Bäumen ich nicht zählen will. Um gute Früchte zu tragen, gebührt einem jungen Baume hinreichender Dung, welcher mir als jungverehelichte nicht verwehrt werden kann."

Draussen bummert es noch immer. Wenn die Russen uns in unser Schloss hereinschiessen, gehen wir die Nacht weg. Einige nervöse Herren haben schon gepackt. Einer war, während ich den Brief der Landwehrfrau abschrieb, bei mir, um mir ans Herz zu legen, ihn rechtzeitig wecken zu lassen. Eine Panik im Generalkommando gehört zu den besseren Komödien!

* * *

6. V. (26. VII). Nacht glücklich überstanden; die nervösen Herren packen wieder aus.

XXV

Cholm, 11. August 1915.

Lieber M.
Mit grosser Freude habe ich deinen Brief vom 22. Juli, allerdings erst vor drei Tagen, erhalten. Der gute F. hat ein wenig übertrieben; mir geht es nicht

schlecht: bin nur, wie Alle, durch die lange Dauer aussergewöhnlicher Lebensverhältnisse etwas angestrengt, vor allen Dingen wohl durch die endlose Langeweile eines langen und sich in die Länge ziehenden Feldzuges.

Dass wir auf Cholm gingen, hast du richtig erraten. Wir sind seit dem 6. hier im Quartier, und zwar im Palais des russischen Metropoliten, einem provinzialen Vatikan oder Kreml: grossem auf einem bewaldeten Hügel über der Stadt gelegenem Komplex von palastartigen Barockgebäuden um eine Kathedrale herumgebaut, und wiederum umringt im noch weiteren Kreise von abgesonderten Kapellen, über deren jeder eine Zwiebelkuppel in Goldputz glänzt. Sehr malerisch, aber leider genau so schwarz von Fliegen wie das Haus des ärmsten „Panje". Die Honneurs macht ein sehr würdevoller langhaariger, langbärtiger Pope in faltenreichen weissen Priestergewändern, der kein Deutsch versteht, aber bei jedem Wort, das man sagt, lächelt und sich mit höchster Vornehmheit verneigt. Sonst ist die ganze Herrlichkeit ausgestorben.

* * *

Wir liegen vor einer sehr starken, stark ausgebauten russischen Stellung, die von der russischen Garde, unter anderem vom berümten Preobraschenskischen Regiment (dem Petersburger 1. Garde-Regiment) gehalten wird; die Russen schlagen sich überaus tapfer, und selbst unserer ausgezeichneten bayerischen Division wird es schwer, mit ihnen fertig zu werden. Immerhin, allmählich brechen wir doch ihren Widerstand;

und in einigen Tagen wird es wohl gegen Brest-Litowsk weiter gehen.

* * *

Man macht sich bei uns von einer „Verfolgung" der Russen doch wohl ein falsches Bild; es handelt sich meistens hier in Galizien und Polen nicht um ein Laufen hinter geschlagenen Truppen her (wie in Ostpreussen im September), sondern um ein fortwährend sich erneuendes Niederkämpfen befestigter Stellungen, in denen sich die Russen mit der grössten Zähigkeit halten. Alle 5 oder 10 Kilometer (je nachdem das Gelände Gelegenheit bietet) an einem Bach oder Sumpf oder Höhenrand zieht sich quer durch die Landschaft ein schon seit Monaten ausgebauter, tiefversenkter, schrappnellsicher eingedeckter Schützengraben mit Drahthindernissen und Flankierungsanlagen. Die Russen halten nicht an jeder dieser Stellungen, sondern gehen meistens aus der einen in die übernächste oder über-übernächste zurück. Dann sitzen sie aber wieder fest, und müssen durch eine Art Belagerung mit schwerem Artilleriefeuer, Sturm und eventuell sogar Sappenangriff vertrieben werden. So sieht der russische Rückzug aus!
Es ist kaum zu glauben wie viele solcher befestigter Linien, wie viele Kilometer Schützengraben, Drahthindernisse, Waldverhaue die Russen gebaut haben; eine ganz gewaltige Leistung rein als Fleissprobe. Die ganze Zivilbevölkerung hat, ehe man ihre Dörfer verbrannte und sie selber fortschleppte, zu diesen Arbeiten herangemusst.

Fast alle Dörfer hier im Umkreise sind von den Russen niedergebrannt; an der grossen Hauptstrasse steht kein Haus mehr; nur abseits ist hier und dort einmal eines vergessen worden. Das im eigenen Lande! Es ist eine gewaltige Art von Verbrecherwahnsinn, etwas Neronisch-Sardanapaleskes, das sich, je weiter man vordringt, je länger man hier ist, in das Bild des Russen einbrennt; das und seine Gutmütigkeit: die Gefangenen laufen dicht hinter der Front frei herum, helfen willig und fleissig bei allem mit, fahren unsere Munitionskolonnen, pflegen unsere Verwundeten, sind immer freundlich und höflich, fast ohne Aufsicht zuverlässig. Da kommt der Sklave wieder zum Vorschein, der im Russen steckt; der Sklave, der jedem Herren dient.
Hoffentlich sind wir trotz dieser Widerstände in einigen Wochen hier fertig und können dann, wie du andeutest, wirklich nach Serbien gehen. Das wäre mir das liebste, den Durchstoss nach Bulgarien mitmachen. Denn hier ist es auf die Dauer in der flachen, öden, verödeten Landschaft, wo jeder Reiz und jede Farbe fehlen, kaum auszuhalten.
Gestern suchte mich zu meiner grössten Überraschung und Freude Kardorff auf und verbrachte den Abend bei uns. Es schien ihm gut zu gehen, obwohl er mit seiner Munitionskolonne den Gefahren der Cholera usw. mehr ausgesetzt ist als wir. Vor acht Tagen ist sein Bursche an der Cholera gestorben. Durch ihn erfuhr ich den Tod des armen Seckendorff; ich wusste nichts davon. Das ist ein sehr schmerzlicher Verlust!

XXVI

Adampol (bei Wlodawa) 17. August 1915.

Mein lieber guter M.
Dein schöner langer Brief vom 10., der eben kam, war für mich eine wahre geistige Erfrischung.
Gegen Brest-Litowsk geht es schnell vorwärts; wir sind hier nur 50 km von der Festung; aber unsere vordersten Truppen stehen schon viel näher und zum Teil jenseits des Bug. Die Russen gehen auch am anderen Ufer weiter nach Osten zurück, haben also die Buglinie im Prinzip aufgegeben. In vierzehn Tagen muss Brest unser sein. Aber harte, sehr harte Kämpfe hat es gekostet. Zwischen Cholm und Wlodawa hatten die Russen eine über 20 km lange Stellung, die unsere Leute stürmen mussten. Keinen stumpfsinnigen Schützengraben, sondern Werke, die geistvoll dem Gelände angepasst *lebten* und eingedeckt waren mit dicken Baumstämmen, vier Lagen übereinander; die Wände mit weissem Birkenreisig zart wie die eines Ballsaales tapeziert. Darunter, zwei Etagen tief in die Erde eingegraben, kellerartige Unterstände, zu denen Treppen hinabführten. Im Gelände vor jedem Werke siebenfach Draht; oder sonst Gräben, in die Ast-Verhaue eingesenkt lagen: ineinandergeschobene, geschickt verfilzte Äste wie Widerhaken, um die Anstürmenden festzuhalten. Diese Werke selbst aber nur Teile eines noch gewaltigeren Organismus: seine Knochen sozusagen. Dazwischen als dünnere, biegsame Verbindung kilometerlang Draht, hinter dem Maschinengewehre versenkt und versteckt jeden Angriff

flankierten; und von diesen Verbindungslinien ausstrahlend, vorspringend, lange schmale Drahtzacken wie vorgestreckte Messer, die jeden Angriff zerschneiden, in breiter Front vereiteln sollten. Das Ganze ein mächtiger aus dem Gelände emporgewachsener stacheliger Polyp, ein Tier zur Abwehr des gewaltigsten Ansturms geschaffen und scheinbar befähigt; ein Architekturwerk, das durch die geistvolle Lebendigkeit, mit der es seinem Zwecke und der Landschaft entwuchs und sich anpasste, ähnlich staunenswert wie ein griechischer Tempel oder eine römische Villa war. Wer die unversehrten Teile dieses gewaltigen Kriegswerkes sieht, kann auch jetzt noch kaum begreifen, wie es fallen konnte. Denn drinnen sassen die besten Truppen, die Russland noch hat, das russische Erste und Zweite Garde-Regiment (Preobraschensk und Semenoff) und weitere Kerntruppen! Und doch ist es bewältigt worden. Unsere schwere Artillerie schoss seinen rechten Flügel lahm. Diesen stürmten dann die Bayern mit unerhörter Erbitterung und Zähigkeit. Dadurch wurde der Rest der Stellung unhaltbar. Die Russen verschwanden in der nächsten Nacht.

Die Wirkung der 21 cm Mörser auf die Deckungen und Gräben lässt sich nicht beschreiben. Sie sahen aus, als ob eine Naturkatastrophe, eine Windhose, ein Erdbeben sie zerstört hätte: die Deckungen durchschlagen, die Unterstände verschüttet, der Boden davor und dahinter von Trichtern wie der Grund eines Kraters durchsiebt. Im Pulverdampf sind die Bayern dann vorgestürmt, haben ihn als Deckung benutzend, die Drahthindernisse durchschnitten, die Besatzung mit Handgranaten und Gewehrkolben niedergemacht, die Gräben sofort umgedreht, sich in die Rückwand eingegraben und dort dem Gegenangriff der Russen standgehalten.

Die Truppen im Hauptwerk auf dem rechten Flügel waren Semenoffs (Zweites russisches Garderegiment.) Tot lagen sie noch, als wir hinkamen, auf dem rückwärtigen Hang und unter den Trümmern der Dekkungen: mächtig grosse Kerle in der Garde-Uniform, mit blauen Gardelitzen, die Schädel oft bis zu den Zähnen aufgespalten, Viele mit eingeschlagenem Gesicht; zwischen umgestülpten Tischen, leeren Munitionskörben, zerbrochenen Gewehren, ausgestreuten Patronen, zerfetzten Tornistern, blutbeschmutzten Militärmänteln. Der Boden selbst war tief aufgewühlt vom Nahkampf. Aus dem Schutt ragten hier und da Füsse in Juchtenstiefeln und wachsbleiche, geballte Bauernfäuste.

Zwischen vielen Leichen lag in einem Granattrichter über zwei Riesen von seinem Regiment auf dem Rükken ausgestreckt ein toter Fähnrich; der Ausdruck im unschönen aber rassigen Gesicht noch dummstolz, die Hände zart und weiss: eine Figur von Tolstoï.

Man wird nie wissen, wie viele hier gefallen sind. „Semenoff" soll vorher 5000, nachher nur noch 1500 Mann gehabt haben. Wir fanden noch zwei Schwerverwundete, die seit zwei Tagen zwischen Toten lagen: sie klagten nicht, fragten nicht, baten nur um Wasser und Fortschaffung.

* * *

Donnerstag war ich vor, um nach dem Fall der gros-

sen Sperrlinie Stockungen in der Verfolgung zu verhindern, zu sorgen, dass unsere Divisionen dem Feinde „*an der Klinge blieben*". Früh um Sechs aus Cholm im Auto fort mit Schlieffen als Ordonnanzoffizier. Auf der Chaussee nach Wlodawa die Marschkolonne der 107ten Division, die *hinter* der bayrischen 11ten angesetzt war, ganz richtig zuerst getroffen. Ich sprach einen Offizier an und erfuhr von ihm die Marschordnung der Division und unter Andrem, dass das 52te Regiment Vorhut sei; gleichzeitig von unserem ersten Generalstabsoffizier telephonisch mit Nachdruck: die Bayern seien befehlsgemäss noch viel weiter vor, ihr Stab bereits am Wegekreuz beim Dorf Macoszye.
Ich liess daher eilig weiterfahren; kam zuerst am Gros, dann am 52ten Regiment vorbei zum Vortrupp der 107ten Division, der in einem Holze vorging, und hörte hier, dass die Spitze eben rechts aus dem Walde Feuer bekommen habe!
Ich sagte dem Führer des Vortrupps: Blos Versprengte, deshalb keine Stockung, wir müssten vorwärts! Die bayerische Division sei, nach Meldungen vom Generalkommando, schon viel weiter.
Ich bequemte mich aber doch, am Waldrand mein Auto zurückzulassen; stieg aus und ging mit Schlieffen zu Fuss weiter, um die Spitze anzutreiben.
Im Augenblicke, wo wir aus dem Walde heraustraten, flammte rechts das Dorf Macoszye auf, das etwa anderthalb Kilometer östlich der Chaussee hinter einem Waldstreifen liegt. Zuerst stieg eine Stichflamme auf, gleich darauf eine zweite, dann etwas weiter eine dritte; man sah deutlich wie der Brandstifter durch das Dorf ging. In wenigen Minuten standen vier, fünf mächtige

Rauch- und Feuersäulen wie von Explosionen über den Baumkronen. Die Russen waren also doch noch da, und zwar nicht blos Versprengte.
Vor uns, rechts und links von der Chaussee, schwärmte die Spitze in Schützenlinie übers offene Feld. Und jetzt sah ich auch zu meiner Überraschung links auf einem Landwege, der hier die Chaussee kreuzt, *noch ziemlich weit zurück* die bayerische Division in Infanteriekolonne ankommen. Die Spitze der anderen, der 107ten Division war also wirklich, wie sie behauptete, die Korps-Tête, *sie* war den Russen „an der Klinge", die Meldung vom Generalkommando absichtlich oder unabsichtlich falsch. Ich folgte den Schützen, die demnach unsere vorderste Verfolgungslinie waren, im Laufschritt, liess aber zugleich, da wir Feuer nicht bekamen, das Auto langsam nachholen.
Links von uns stiess ein kleines Kiefernstück an die Chaussee; zwischen den Stämmen standen Pferde und deutsche Reiter. Ich hielt sie für den Stab der bayerischen Division, eilte an der Spitze vorbei querfeldein auf sie zu und schickte zugleich dem Auto den Befehl, bis dort vorzufahren und im Kiefernstück Deckung zu nehmen. Als ich hinkam, waren die Reiter aber nicht der Divisionsstab, sondern eine Patrouille, die hielt und gedeckt beobachtete. Der Führer zeigte etwa fünf hundert Meter weiter vorne einen Schützengraben quer über Feld und Chaussee: er sei besetzt, eben hätten sie geschossen. Man sah in der Tat einzelne kleine schwarze Gestalten auf dem Grabenrand hin- und herlaufen.
Auch mein Auto und die Spitze hatten jetzt das Kiefernstück erreicht; das Auto fünfzig Schritt von der

Chausse anhaltend, die Spitze in breiter Linie noch immer langsam vorgehend. Der Hauptmann von der Spitzenkompagnie sass zu Pferde, hielt und sah durch das Glas nach vorne: ein schwerer dicker Mann mit rotem Gesicht und rotem Vollbart. Als ich zu ihm hintrat, lachte er und sagte, ohne das Glas von den Augen zu nehmen: „Na, wenn sie jetzt nicht schiessen, dann schiessen sie überhaupt nicht!" Er, Schlieffen, ich, unser Auto, die Spitze, die Patrouille bildeten in der Tat ein lohnendes Ziel. Da, in diesem Augenblick gab es Schnellfeuer und gleichzeitig Etwas, das ich noch nicht erlebt hatte; eine Panik! Die Spitze machte rechts und links von uns kurz Kehrt und lief davon. Der Hauptmann und die Patrouille, die zum Teil ihre Lanzen stehen liess, sprengten hinterher. Hinter uns, zweihundert Meter rechts, ging der ganze Stab der bayerischen Division, der inzwischen unbemerkt herangekommen war, im Galopp und durcheinander ab. So blieb ich mit meinen zwei Chauffeuren und einem Infanteristen, der sich gleich hinschmiss, allein.
Ich warf mich hinter einen kleinen, vielleicht zehn Zentimeter hohen, dreissig Zentimeter breiten Erdhaufen auf dem Felde flach hin und suchte meinen Kopf so gut es ging zu schützen. Das Feuer war äusserst heftig. Die Kugeln zwitscherten und tanzten wie besessen, spitz und zudringlich wie Insekten, ein wahrer Wirbel, der über uns hinging. Meine beiden Chauffeure lagen regungslos, ich wusste nicht, ob tot oder verwundet, dicht neben mir; etwas weiter links der Infanterist. Es schien fast unmöglich, dass aus diesem Höllenschwarm keine Kugel treffen sollte. So schmiegte man Kopf und Leib möglichst dicht an die warme

Erde und wartete.

Nach einer Weile nahm das Feuer etwas ab, und ich konnte den Kopf vorsichtig heben, um mich umzusehen. Ich bemerkte, wie der mir am nächsten liegende Chauffeur die Hand bewegte, und rief ihn an. Er antwortete, er sei unverwundet; auch der andere, der noch ganz bewegungslos dalag, lebte. Da begann von Neuem, vielleicht weil sie meinen Kopf bemerkt hatten, das Schnellfeuer; wir konnten nicht weiter reden. Doch schon nach fünf Minuten nahm diesmal das Feuer wieder so weit ab, dass ich mich weiter umsehen konnte. Der Infanterist lag noch auf demselben Fleck, links, etwa zehn Schritt entfernt. Ich bemerkte, dass seine Hände unter seinem auf die Erde gepresstem Gesicht sich bewegten, arbeiteten, offenbar gruben. Das Gesicht selbst konnte ich nicht sehen. Auch ich fing an, mit den Händen vorsichtig, ohne den Kopf zu heben, etwas von dem Erdhaufen, hinter dem ich lag, wegzukratzen, um die Rückwand steiler zu machen, den Kopf näher heranzuschieben. Auch unter meiner Brust kratzte ich Erde weg. Jeder Zentimeter war wertvoll. Aber die durchwachsene Scholle widerstand zäh. Jetzt unterschied man die Schüsse und schwirrenden Kugeln schon einzeln. Der Kugelregen war noch immer dicht, aber nicht mehr ein feuriges Element. Allmählich hob ich wieder den Kopf. Vor uns schwoll der Boden sacht an zu einer Bodenwelle, die uns etwas schützte; davor einige magere Kiefern, dann Kartoffeln und der niedrige braune Schützengraben. Hinter uns war alles leer, kein Deutscher mehr zu sehen. Wir lagen zwischen beiden Linien und offenbar ziemlich weit von der unsrigen.

Der Infanterist hatte seinen Spaten frei bekommen und grub sich liegend, auf seinen linken Arm gestützt ein. Jetzt sah ich auch sein Gesicht, ein bärtiges, wetterhartes, aber unschönes Arbeitergesicht. Ich rief ihm zu, er solle das Loch grösser machen, damit meine beiden Leute und ich mit hinein könnten. Er nickte und grub weiter.

* * *

Ich überlegte, was zu tun sei. Mein Auftrag lautete, keinen Halt in der Verfolgung zuzulassen. Doch diese Stellung konnten unsere Truppen nicht ohne weiteres überrennen. Sie war noch nicht rekognosziert, offenbar stark besetzt und hatte fünfhundert Meter freies Schussfeld. Das Verhalten der Spitze hatte mir gezeigt, dass unsere Truppen nach den vielen Kämpfen und Verlusten der letzten Wochen nicht mehr die alten seien. Ohne Vorbereitung durch Artillerie, die aber erst herankommen und in Stellung gehen musste, schien ein Sturm aussichtslos. Ich konnte also, auch wenn ich bis zu den Divisionen durchkam, nicht sofortigen Angriff fordern. Andererseits war es aber sehr unwahrscheinlich, dass ich durchkäme, wenn ich das ganze Feuer dieses Grabenstücks auf mich allein lenkte. Ich entschloss mich daher, zu warten, bis unsere Infanterie wieder vorkäme, oder unsere Artillerie sich bemerkbar machte.
Jedesmal, wenn einer von uns unvorsichtig den Kopf hob, kam Schnellfeuer. Aber im Liegen hinter unserer Bodenwelle dachte man kaum mehr an das Feuer, obwohl es noch immer lebhaft um uns prasselte. Ich sah dem Landwehrmanne zu, wie er grub und den Sand vor

sich auf den Rand seines Loches schüttete. Der Haufen wuchs; und bald konnte er schon im Loche knien, dann darin gebückt stehen. Ich fragte, was er im Zivilleben sei? Bauarbeiter, alter Südwestafrikaner, seit dem Anfang des Feldzuges mit draussen, Wehrmann Telge, 4te Kompagnie 52ten Regiments.
Nach einer Stunde rief er, jetzt sei das Loch fertig, ich könne herüberkommen. Ich sprang auf, duckte mich, lief, schlüpfte hinunter. Der eine Chauffeur folgte nach. Inzwischen war ein zweiter Infanterist, der weiter entfernt ebenfalls vorn geblieben war, zu uns herangekrochen, ein ganz junger Kriegsfreiwilliger, auch Arbeiter. Er grub mit seinem Spaten neben dem ersten ein zweites Loch, Telge half; nach einer halben Stunde war es fertig, und mein zweiter Chauffeur kroch hinein.
Die Russen hatten inzwischen Artillerie aufgefahren, schossen mit schweren Granaten über unsere Köpfe weg in den Wald und mit Schrapnells in unsere Höhe. Von Zeit zu Zeit platzte eine Lage Schrapnells über unserem Loch. Die Kugeln fielen in den Sand, warfen Staubwölkchen auf; wir duckten uns im toten Winkel an die Vorderwand. Die Granaten gingen ganz niedrig mit einem hässlichen Geräusch über unsere Köpfe weg und warfen fünfhundert Meter hinter uns am Waldrande Staub auf. Das Infanteriefeuer war dagegen jetzt viel schwächer, hörte manchmal minutenlang ganz auf. Gefährlich konnte uns nur die Verlegung des russischen schweren Artilleriefeuers nach vorne in unsere Nähe oder ein russischer Angriff gegen den Wald werden. Wir hätten mit unseren zwei Gewehren einen schweren Stand gehabt. Ich sass auf dem

Sand in meinem Loch, liess die Sonne mich bescheinen und wartete, ohne mich zu langweilen, im Gegenteil voll von einer nicht unangenehmen Spannung.
Zwischen Elf und Zwölf kam von hinten irgendwo, weit weg Stimmenklang herübergeweht: deutsche Kommandos. Jetzt gingen also unsere Leute wieder vor, näherten sich. Bald sahen wir in der Tat sowohl rechts im Chausseegraben wie links hinter uns im Walde einzelne Infanteristen vorkriechen. Einige kamen links bis in unsere Höhe und legten einen Graben an. Ich rief ihnen zu und stellte fest, dass es Sachsen von der bayerischen Division, 22tes Regiment, seien. Unsere Spitze war also wieder bis in unserer Höhe vorn, grub sich aber ein, schien vorläufig wenigstens hier nicht anzugreifen. Auch hörte man noch nichts von unserer Artillerie, oder doch erst Feldgeschütze; die schwere schien noch nicht heran zu sein. Ich beschloss daher jetzt zurückzulaufen und für flottes Vorgehen zu sorgen.
Sprang auf, lief in das nächste Waldstück, kam über einen Acker, wo Granaten einschlugen, dahinter zum Fernsprecher eines Regiments, stellte den Standort des Divisionskommandeurs Kneussl fest, fand ihn schliesslich mit seinem Stab.
Der Generalstabsoffizier war sehr fest: die Stellung könne erst abends gestürmt werden, vorher müsse die schwere Artillerie sie zermürben.
Gleich begannen auch unsere schweren Mörser und heulten den ganzen Nachmittag über uns weg gegen die Russen hin.
Um Fünf waren endlich zwei Kompagnien in die

russische Stellung eingedrungen.

Nachts um Drei zogen die überlebenden Russen unbemerkt und unbehelligt ab.

Es war die letzte Stellung vor Wlodawa. Die nächste hielten sie nicht mehr. Aber sie hatten unsere Verfolgung einen Tag aufgehalten: und das Ganze war typisch für die russische Kampfweise, dieses überraschende Standhalten, der elastische Widerstand, der sofort nachgiebt, aber erst nachdem er uns Verluste und Zeit gekostet hat, das geschickte Verduften bei Nacht und Nebel, die zähe Ermüdung und Schwächung unserer Truppen, die nie zur Ruhe kommen, jeden Tag kämpfen müssen; eine Mischung von Verschlagenheit und Starrsinn über einem Urgrund von Schwäche: Schlange und Esel, wie bei gewissen Weibern.

* * *

Grausam sind die Russen furchtbar; und grausam gleichgültig gegen die Folgen ihrer Massnahmen. Ich habe Sonntag mit zwei anderen Offizieren eine Stelle zum Übergang über den Bug erkundet, nördlich von Wlodawa, bei einem Flecken Hanna. Beim Abfahren bekamen wir am Bug Feuer und bogen deshalb zunächst in die Wälder aus: Laubwald mit dichtem Unterholz und kreuz und quer vielen Schneisen. Überall in diesem Labyrinth lagerten oder wanderten Flüchtlinge; nicht etwa Juden, sondern Bauern: schöne kräftige Landbevölkerung, mit regelmässigen sympathischen Gesichtern, die die Russen, ihre Landsleute, ruiniert, aus stupider Berechnung vertrieben, mitgenommen, dann gleichgültig verlassen haben. Sie lagen oder wanderten ziellos herum: Tausende, mit Weibern, Kindern, Vieh und etwas halbverdorbenem, beschmutztem Mundvorrat und Hausgerät auf Karren oder in mitgeschleppten Säcken; müssen über kurz oder lang grösstenteils verhungern, Seuchen anheimfallen, sterben, da sie keine Nahrung, keinen Unterschlupf finden können.

Denn von den Dörfern ist in dieser Gegend buchstäblich nichts geblieben; nur vollkommen kahle Aschenstätten. Auch Hanna, wo wir hinwollten (nach der Karte ein grosser Ort, über 100 Häuser, fast schon eine kleine Landstadt) brannte, wie wir am gewaltigen Rauch, der hinter dem Walde aufstieg, schon von Weitem sahen; eben waren die Russen fort: wir folgten ihnen auf frischer Spur. Schwerverwundete, die wir im Walde kurz davor trafen, wussten nicht einmal, ob unsere Truppen schon drinnen seien.

Wir aber mussten hin, hatten uns Pioniere hinbestellt zur Untersuchung des Flusses; liessen daher das Auto im Holze, gingen auf gut Glück zu Fuss weiter, verspäteten uns, bis die Dämmerung niedersank, suchten etwas mühsam im Zwielicht unseren Weg, wussten nur, dass hinter dem Walde gleich die ersten Häuser seien.

In der Tat standen sie, als wir hinaus traten, vor uns: eine unregelmässige Linie etwas hoch auf einer Sanddüne, jedes Haus in seinem Gärtchen eine Flammensäule! Dahinter ein Feuermeer, über das langsam schwefelgelber Rauch aufstieg.

Nicht nur die Häuser selbst, sondern auch die Obstbäume und Gärten brannten wie Fackeln. Die Glut und die Stille, die vollkommene Verlassenheit, in der die gewaltige Zerstörung vor sich ging, wirkten ent-

setzlich. In einem unheimlichen Schweigen stiegen die Flammen auf, prasselten, nagten die Balken an, liessen sich Zeit wie zu irgend einer teuflischen Zeremonie. Ein Brotgeruch von verbrennendem Weizen, dazwischen andere bittere, scharfe, süsse Gerüche, manche weich und voll wie Weihrauch, wehten uns entgegen.
Da die Hauptstrasse wegen des Rauches und der Hitze nicht zu betreten war, gingen wir durch Seitengassen, wo die meisten Häuser schon ausgebrannt nur noch am Erdboden flackerten und glimmten. Ein Hund heulte; verlassene Küken piepsten. An einem halbverkohlten Brunnen standen und schöpften zwei Soldaten rauchgeschwärzt, sonderbar in der Leere und Stille des grossen Brandes.
Plötzlich bog die Gasse um und führte vor die Kirche, die vollkommen unversehrt, eine saubere alte Holzkirche, dastand, von der feigen Bestie, die brandstiftend von Haus zu Haus geschlichen war, ängstlich geschont.
Wir gingen durch das Dorf bis ans Ende zwischen brennenden oder abgebrannten Häusern und dann auf der Landstrasse weiter. Hier lagen rechts und links von der Chaussee auf den Feldern in wilder Unordnung durcheinander Truhen, Tische, Stühle, Körbe; bis weit vom Orte waren die Felder besät mit Hausgerät. Man sah deutlich, wie die Russen die Einwohner vor sich hergetrieben; diese ihr Gut zuerst mitgeschleppt, in der Hast und Bedrängnis dann dies und jenes fortgeworfen, immer mehr verloren hatten, schliesslich mit mageren Resten, elend, wie man sie in den Wäldern trifft, geflohen waren.
Jetzt waren alle fort, die Gegend wüst, vor uns ein

weites leeres Feld, ein öder Sandweg in der rasch sinkenden Dämmerung; hinter uns der Feuerschein, und überall am Himmel andere Brände, die den Rückzug der Russen bezeichneten. Die russischen Batterien schossen noch; das dumpfe Grollen der Geschütze, die Explosionen, das Blitzen der Schrapnells am Himmel entsprachen der Stimmung, in der sich melancholische Naturgrösse und Grauen mischten. Wir gingen im tiefen Sande in die Nacht hinein.
Endlich sahen wir in der Ferne auf dem Felde zwei Gestalten, Pickelhauben. Wir bogen ab, gingen auf sie zu, riefen leise, stellten fest, dass sie nach Kuzawa gingen, wo der Bug nah an die Chaussee herantritt, wir deshalb auch hinwollten. Ihre Kompagnie sei im Vorgehen, um Kuzawa zu besetzen. Wir eilten an ihnen vorbei, erreichten die Kompagnie, die in kleinen Gruppen im Chausseegraben vorging; kamen zur Spitze, liessen uns vom Hauptmann orientieren. Er sagte, Kuzawa, das jetzt rechts vor uns lag und noch schwach brannte, sei schon von Teilen des Regiments besetzt, die Russen noch diesseits des Bug zwischen Bug und Chaussee eingegraben, ein grosses Vorwerk vor uns, (das wir nicht sahen, aber auf der Karte verzeichnet fanden) vielleicht schon vom Feinde frei.
Während wir im Gehen sprachen, wurden einige Leute, die sich unvorsichtig in den Flammenschein eines Gehöfts vorwagten, beschossen. Die Kompagnie hielt, legte sich in den Chausseegraben. Wir berieten, was zu tun sei? Am Vorwerk trat die Chaussee, wie wir aus der Karte sahen, bis auf vierzig Meter an den Bug heran; dort schien die günstigste Stelle zu einem Übergang oder Brückenbau. Wir mussten hin. Der Haupt-

mann schickte eine Infanteriepatrouille, drei Mann, um das Vorwerk, das noch achthundert Meter entfernt war, abzusuchen. Nach einiger Zeit, da alles still war, beschlossen wir, ohne Meldung abzuwarten, selber vorzugehen. Die Kompagnie blieb zurück. Wir schlichen neben der Chaussee am Feuerschein vorbei, schlüpften wieder in die Dunkelheit.

Als wir ein paar hundert Meter gegangen waren, sahen wir unerwartet unten rechts hinter einer dunklen Bodenwelle den Feuerschein sich in Wasser spiegeln. Es war der Bug, der ganz blass in der blassen Nacht regungslos zwischen seinen Ufern lag; das andere Ufer eingehüllt in Nebelstreifen, dunkel und still wie ein nur von Gespenstern bewohntes Land.

Wir schlichen einzeln hinunter, tauchten unsere Finger ins Wasser, in die Kühle dieses uns bisher unerreichbar fern erschienenen Grenzflusses, sahen gespannt hinüber; kein Laut war zu hören, nicht einmal ein Plätschern; geisterhaft still blieb die Nacht.

Vor uns, zwischen uns und dem Vorwerk, brannte eine Chausseebrücke; das Geländer zeichnete sich schwarz in die Flammen ein; Rauch stieg auf, wehte hin und her, sah aus wie menschliche Gestalten, die auf der Brücke winkten. Einen Augenblick glaubten wir an den Spuk, erkannten seine Wesenlosigkeit, gingen an der brennenden Brücke unten vorbei ans Vorwerk heran. In der überall von Feuerschein und Bränden angefüllten Nacht lag einzig dieses dunkel, ausgebrannt hinter dunklen Bäumen. Jemand pfiff; ein Mann von der Patrouille kam durch die Finsternis, meldete leise: Vorgarten vom Feinde frei, Haus und Bugufer noch nicht untersucht.

Wir folgten ihm zur Brandstätte. Als wir in die Nähe kamen, fing ein Hund an zu bellen. Unten schimmerte wieder das blasse Bugwasser.

Irgendwo diesseits oder jenseits in der Nähe mussten Posten des Feindes sein; wir erwarteten, dass das Bellen sie alarmieren, ihr Feuer herauslocken würde, wussten nicht woher die ersten Schüsse kommen würden..... In diesem Augenblick war die Stille drückend.

Doch das grosse Schweigen wurde nicht gebrochen. Wir konnten am Wasser entlanggehen, untersuchten im Mondschein das Ufer; alles blieb still, undurchdringlich. Auf den russischen Graben stiessen wir mehr aus Glück wie aus Verstand in dieser Nacht nicht; erst am nächsten Tage fand er sich dreihundert Meter weiter an der Chaussee!

XXVII

Slawatytschi am Bug, 25. August 1915.
(30 km von Brest-Litowsk)

Lieber Eberhard!
Wir liegen hier 30 km von Brest, unsere Truppen schon jenseits des Bug bis auf 20 km davon; auch das Generalkommando geht morgen über den Fluss. Wir werden Brest wohl in wenigen Tagen haben. Wieviel, und ob viel von der russischen Armee noch vor uns in den Sümpfen steckt, wissen wir nicht; neulich hiess es siebenzehn Korps, die weder vorwärts noch rückwärts könnten und ohne Verpflegung seien. Das wäre zu schön; ich glaube nicht daran.

Die Schlacht spielt sich wieder in Einzelgefechten an

kleinen Abschnitten ab, mit heftigem Artillerifeuer und nächtlichen Rückzügen der Russen. Ich habe versucht, M. in meinem Briefe ein Bild von diesem zersplitterten, stockenden Charakter der Riesenschlacht zu geben, die wohl die grösste der Weltgeschichte ist, sowohl an Zahlen, wie durch das, was von ihr abhängt. Brest ist ja nur ein Punkt (allerdings der Mittelpunkt) dieser Schlacht, die in lauter solchen Einzelgefechten einem einzigen Ziele (dem in und bei den Rokitno-Sümpfen stehenden russischen Hauptheere) zustrebt, von Dünaburg bis Czernowitz reicht und die Geschicke von Jahrhunderten bestimmen kann.

Die Landschaft, in der sie vor sich geht, erinnert hier in manchem an die Mark: weite Felder, einzelne Bäume, manchmal Wälder, viel Kiefern und Kartoffeln, aber in holländischer Beleuchtung, die Töne gleichzeitig saftig und immateriell zart und fein. Gestern kam ich am Spätnachmittag vom Bug zurück, Kanonendonner nur noch in der Ferne, die Sonne niedrig hinter Wolken, Strahlen vorschiessend auf die weite, mit einzelnen Bäumen bestandene Ebene; zartes geheimnisvolles, goldenes Helldunkel, Rembrandt'sche Stimmung, überirdisch weit und still. Juden wanderten auf dem Wege, mit Säcken auf dem Rücken, rothaarig und gebückt, ihr letztes Gut, etwas Weizen oder Hafer, oder Betten fortschleppend aus Slawatytschi, das, wie alle anderen Städte und Dörfer dieses Landstrichs (S. war ein hübsches Städtchen mit über 300 Häusern zwischen Obstgärten an einem Hang des hohen Bugufers über Wiesen), jetzt ausgebrannt, wüst und leer ist wie Pompeii.....

XXVIII

Pugatschewa (bei Brest-Litowsk)
30. August 1915.

Mein lieber guter M.
Seit dem 26. ist unser Korps in und bei Brest. Das Generalkommando liegt ein paar Kilometer südöstlich, da die Stadt selbst vollkommen zerstört ist. Ich war am Tage nach der Einnahme drinnen. Von der ganzen Stadt sind ausser Kirchen eigentlich nur noch Kachelöfen übrig. Eine Handbewegung von Nikolaus dem Ersten hat sie geschaffen, eine Handbewegung von Nikolaus Nikolajewitsch hat sie weggewischt: mit samt ihren 50 000 Einwohnern, mit allen städtischen Parteiungen, Leidenschaften, Intriguen, Gesellschaftskreisen, die sich gewiss sehr wichtig vorkamen; an einem Tage Alles als formlose Masse ins gleiche gestaltlose Elend hinausgestrieben!
Man sieht sehr deutlich, wie die Zerstörung vor sich gegangen ist. Ich war z. B. in einem Friseurladen. Dem Friseur war offenbar gesagt worden, er müsse fort. Er hatte die Polstersessel (amerikanische) in dicke Strohmatten eingenäht, die Spiegel mit Brettern vernagelt, die eisernen Läden vorn herabgelassen, wie am Sabbat. Dann ist er vertrieben worden; und es kamen die Kosaken. Zuerst schlugen sie in die eisernen Läden ein Loch, stiegen dann ein und haben innen alles geplündert oder kurz und klein geschlagen; von den sorgfältig eingenähten Sesseln die Strohmatten heruntergerissen, in den Polstern nach Kostbarkeiten gewühlt, alle Schränke erbrochen, die

Puderdosen und Parfümflaschen kaputt gemacht: (es riecht aus dem Unrat noch süsslich nach „Violette de Parme"). Eine blonde Haarperücke liegt im Stroh, daneben Karnevals-Masken, ein Talmud, die Photographie eines kleinen Mädchens und eine eingerahmte Familiengruppe. Hinten ist die Wohnung. Im Speisezimmer das ganze Geschirr in tausend Scherben, Photographieen herumgestreut, der Geldschrank erbrochen, am Boden Aktenstücke, Briefe, Wechsel, Hypothekendokumente, ein Damenhut, zwischen Stroh und Brotrinden.

Das war aber erst der zweite Akt der Tragödie. Dann kam der dritte. Die Stadt wurde angezündet. Auf der Holzstiege, die aus dem ganz zerstörten Palais des Gouverneurs zu dem noch immer blühenden Garten hinunterführt, fanden wir Wergknäuel, die zufällig nicht mit angebrannt waren; sie rochen noch nach Petroleum. So wurde die ganze Stadt „präpariert". Verrückterweise haben diese unberechenbaren Russen *die Stadt* sorgfältig abgebrannt, aber *die Magazine* so schlecht angezündet, dass nur ein ganz kleiner Teil von diesen Feuer fing, der grösste mit den Vorräten erhalten ist: genug um die ganze XI. Armee (Mackensen) und unsere Armee auf lange Zeit reichlich mit Mehl und Speck zu versorgen. Das ist echt russische Ordnung, die die russische Katastrophe mit erklären hilft. Aber die Stadt selbst ist, wie gesagt, bis auf ganz vereinzelte, zufällig von den Flammen (aber nicht von der Plünderung) verschont gebliebene Häuser, vollständig zerstört. Man hat so etwas seit dem Altertum nicht gesehen.

* * *

Unsere Truppen kämpfen jetzt in den Rokitno Sümpfen. Viel fangen werden sie dort nicht mehr. Was aus uns dann weiter wird, wissen wir nicht. Ich glaube und hoffe aber, dass wir nicht hier bleiben. Es muss sich in den nächsten Tagen entscheiden. Diesen Brief nimmt Schlieffen mit, der nach Deutschland fährt. Hoffentlich erhältst du ihn daher schneller.
Wegen der Cholera beunruhige dich nicht, sie ist auch bei den Kolonnen (die durchaus nicht schlimmer daran sind als andere Truppenteile) nur vereinzelt aufgetreten. Alles ist geimpft, so dass eine Epidemie nicht zu befürchten ist; sonst wäre sie bei der Fliegenplage, unter der wir leiden, längst da.

XXIX

Gut Ottschisna bei Kobrin 12. September 1915.

Lieber M.
Das Land hier östlich des Bug ist trostlos; eine ganz flache Ebene, über die endlose Kolonnen von Flüchtlingen unserer Armee entgegenziehen. In dieser Weite nur Ruinen von Dörfern, einzelne Bäume, hier und da ein magerer Wald, ein Waldsee. Sonst alles Sand oder Sumpf.
Auch die Tiere sind jetzt verseucht; ganze Ebenen sind bedeckt mit Leichen von Kühen, Kälbern, Schweinen, die die am Wege verendeten Pferde in entsetzlicher, widerlicher Weise ergänzen.
Überall dazu die Cholera, die allerdings nicht uns, aber die zurückflutende Bevölkerung stark angreift. In

Kobrin sieht man Cholerakranke und Tote auf offener Strasse; daneben frische Gräber, die noch geschaufelt werden, in die man schon Tote am Strassenrande schnell verscharrt. Ein nervenzerrüttendes Milieu. Jeder Wechsel wäre erwünscht!
Die Russen weichen durch Sümpfe noch immer vor uns in der alten Weise zurück; alle zehn bis fünfzehn Kilometer eine ausgehobene Stellung, die 24 Stunden gehalten, in der nächsten Nacht aufgegeben wird.

* * *

Wieder fährt ein Auto nach Warschau; ich benutze daher nochmals die Gelegenheit, dir schnell Nachricht zu geben. Wir liegen noch immer, wie du siehst, bei Kobrin; allerdings schon 90 km hinter unserer Front, die gegen Pinsk vor ist. Wir bleiben aber hier zurück, und Linsingen noch 100 km weiter jenseits des Bug und hinter Brest, als ob auf Etwas gewartet würde. Keiner will weiter vor als unbedingt nötig, um seine Chancen nicht zu verschlechtern, wenn ein Abtransport in Frage käme; und keiner gönnt natürlich dem andern dieses Glück. Denn dass Linsingen und wir *beide* fortkommen, ist unwahrscheinlich; Einer wird den Winter in den Sümpfen bleiben müssen.

* * *

Unser Quartier ist übrigens nicht schlecht, ja ein kleines Paradies, eine Insel inmitten der Kriegsnot: ein Park mit alten schattigen Alleen und Laubbäumen,

deren Kronen jetzt in der Herbstsonne einen gelben Schimmer wie reife Trauben haben.
Unser neuer Chef, Klewitz, der Nachfolger von Mutius, hält auf Ordnung. Jeden Morgen werden die Alleen von russischen Gefangenen sorgfältig geharkt, die toten Blätter aufgelesen und verbrannt. Überall steht: „*Es ist verboten*"; z. B. „Es ist verboten, auf dem Rasen zu gehen; Generalkommando XXIV"; oder: „Auf den Parkwegen zu reiten ist verboten, Generalkommando XXIV" usw. Wir haben eine Postenkette, die den Krieg fernhält; insbesondere verhindert, dass Unbefugte, *z. B. Soldaten*, unseren Park betreten. Niemand darf bei uns tränken oder in der Nähe unseres Parkes rasten. Und mir untersteht diese Postenkette; und daher ausserhalb, was sich an Flüchtlingen und Kranken trotz aller Mittel nicht mehr weiterschieben lässt.*)
Dreihundert Schritt ausserhalb des Parkes liegt eine

---

*) Einmal in diesen Tagen hörte ich vor meinem Fenster ein furchtbares Geschrei. Ich ging hinaus um nach dem Grund zu sehen. Mitten auf der Chaussee stand ein grosser Flüchtlingskarren, ohne Pferde, aber hochbepackt mit Möbeln, Hausgerät, einem Kanarienvogel, einem weissbärtigen Grossvater, einem Grammophon, mehreren kleinen Kindern. Davor eine alte Jüdin, die aus vollem Halse schrie wie ein jüdisches Klageweib; einige Kürassiere hatten ihr eben ihr letztes Pferd ausgespannt. Sie rief auf Jiddisch alle Verwünschungen des Himmels auf die Räuber herab. Ich schickte einige Leute von der Stabswache hinterher und liess den mageren Gaul zurückholen. Und da passierte etwas grotesk Grandioses. Die alte Frau brach ihren Klagegesang ab und stimmte plötzlich ein Loblied auf mich und alle Deutschen an, das darin gipfelte: „Die Deitschen sein gute Leit. Möge der liebe Gott ihnen alles Gute und Schöne, viel Geld, ein langes Leben geben; möge der liebe Gott geben, *dass alle Deitschen werden Juden!*"

Flüchtlingsfamilie, von der innerhalb der letzten vier Tage die Mutter und die eine Tochter, ein kleines dreizehnjähriges Mädchen, an der Cholera gestorben sind; ein zweites Töchterchen, ein Mädel von fünf bis sechs Jahren, ist jetzt im Sterben. Niemand macht sich von solcher Not ein Bild. Die ganze Familie liegt mit der kleinen Sterbenden auf demselben Stroh, die Sterbende in der Mitte; alle gleichgültig gegen Tod, Ansteckung, Gestank, gleichgültig *vor Elend*. Es war eine schöne, und wie man an der Kleidung sieht, früher saubere Familie, polnische Bauern aus der Gegend von Biala, lauter grosse, schlanke, blonde Menschen, die offen dreinschauen mit blauen Augen. Vater, Mutter und vier Töchter, so wurden sie fortgeschleppt. Die Mutter und die eine Tochter sind tot, ein Töchterchen sterbend; der Vater und die zwei anderen Töchter leben noch, der Alte mit seinen wirren grauen Haaren und dem gehetzten aber noch geraden Blick eine Art von Ödipus. Er hat gestern neben der Hütte, die ich ihm angewiesen habe, selber sein Töchterchen bestatten müssen, da ihm nicht erlaubt wurde, sie auf den Kirchhof zu bringen. Ein kleines Holzkreuz steht heute auf dem Grabe. Die heute Sterbende hob er hoch, als ich vorhin kam; vor drei Tagen ein munteres Mädchen mit grossen, blauen Augen. Jetzt hielt er etwas Schreckliches empor, ein wachsbleiches Totengesicht mit schwarzen Lippen, das über die kleine Brust vornüberhing, wie der Kopf des Gekreuzigten; ein Tuch war schmerzbeladen um die Stirn gebunden, die dünnen beschmutzten Beinchen baumelten unter dem Hemd, das hochgerutscht war, leblos, als ob sie gebrochen wären, hin und her. Keine Klage bei Vater oder Töchtern. Die beiden noch gesunden Mädchen, die ältere siebzehn mit prachtvollen Zähnen und graublondem Haar, das andere, ein kleines Wesen von acht Jahren, auch blauäugig, standen regungslos daneben. Als die grosse Schwester einmal der kleinen mütterlich mit der Hand über die Stirn fuhr, war es, als ob aus einem Stein eine Gebärde bräche. Und wir harken, ich weiss nicht, ob mehr närrisch oder stumpf, dreihundert Schritt davon an unseren Parkwegen! Ich frage mich manchmal, was ich selber vor allen diesen Greueln empfinde? Man kennt sich in seinem eigenen Herzen kaum noch aus; geschweige denn in denen der Anderen!

XXX

Kowel, 25. September 1915.

Lieber guter M.
Wir sind seit drei Tagen in Kowel in Wolhynien einer neuen Operation entgegensehend. Wo sie uns hinführt, weiss keiner; aber das Land ist schön, die Luft rein und kräftig wie Gebirgsluft, eine Erholung nach der dumpfen, kränklichen Zeit in den Sümpfen.
Die Fahrt von Brest herunter ging quer durch die Pripet Niederung. Alle Brücken (34 zwischen Brest und hier) waren abgebrochen. Jedesmal mussten wir von der Strasse herunter und blieben mehr oder weniger lange Zeit im Moraste stecken.
Aber die Landschaft war trotz ihrer Armut doch packend. Rechts und links von der schnurgerade durchlaufenden Militärstrasse dehnt sich bis an den fernen

niedrigen grauen Himmel nur Sumpf, weit wie das Meer: eine unruhige, grüne Grasfläche, durchbrochen von unzähligen trüben kleinen Wassertümpeln. Erhabene Armut! Heumieten, unordentlich aufgeschichtet, spitz geformt wie grosse Ameisenhaufen meilenweit das einzige Zeichen menschlicher Besiedelung. Nur alle zehn bis zwanzig Kilometer ein Dorf, einige arme strohgedeckte Holzhütten, meistens abseits von der Militärstrasse; und als einziger Luxus die alten Bäume auf dem Dorfplatz. Die Bewohner, alte und junge Hirten, in selbstgewebtem braunem langem Kaftan und spitzer Pelzmütze, sehen scheu wie aufgeschreckte Tiere dem durchrasenden Auto nach. Der Krieg ist diesen Menschen so fern und fremd wie die schnurgerade Militärstrasse, die verächtlich ihre Dörfer rechts und links liegen lässt. Nicht einmal abgebrannt haben sie die Russen.
Plötzlich hebt sich das Auto über eine niedrige Bodenwelle, die Strasse fällt wieder; die Landschaft wird mit einem Schlage anders: lieblicher und gewöhnlicher. Waldstücke rahmen hübsche Wiesen ein, die Luft weht härter und trockener, das Licht ist klar, fast südlich. Wir sind in Wolhynien, in der Ukraine; fahren schon in Kowel ein, über Brückenstege und verästelte grünbeschattete Kanäle; das Städtchen gleicht einem kleinen Amsterdam.

* * *

Ich wohne (recht gut) an einem der vielen Flussarme in dem äusserst altmodischen Landhaus eines ältlichen Privatgelehrten, das niedrig und weiss, mit einem

dorischen Säulenportikus zwischen alten Bäumen versteckt hinter dem Kanal liegt. Nachts jetzt bei Vollmond leuchtet es mir, wenn ich nach Hause komme, über den Weidenbüschen und dem Wasserspiegel wie ein romantischer Märchentempel, halb griechisch, halb Dostojewskisch entgegen.
Der ältliche Besitzer, eine geknickte Gelehrtengestalt mit kurzen grauen Haaren, wohnt in einem Flügel in drei Zimmern zwischen vergilbten Wandkarten und Haufen von veralteten wissenschaftlichen Handbüchern. Der Rest des Hauses, vier grosse niedrige Räume mit grünem Gartenlicht, stand ganz leer. Ich nahm mir eins von den grossen leeren Zimmern. Zuerst rangen eine alte Haushälterin und ihre Enkelin, die allein zugegen waren, die Hände. Später kam der Besitzer selbst nach Hause, fand uns in seinen Räumen vor, bat um eine Audienz und fragte, gebrochen deutsch (ein Gelehrtendeutsch, mit komischen papierenen Wendungen) ob er in seiner Ecke wohnen bleiben dürfe? Wie er da vor mir stand, so ängstlich, so weltfremd, so undurchdringlich verschlossen gegen die „Grösse" des Krieges, aber doch aus seinem Frieden aufgescheucht, da kam mir plötzlich das Groteske der Gewalt, das Lächerliche meiner Situation als Eroberer diesem friedlichen Gelehrten gegenüber stechend und kitzelnd zum Bewusstsein. Solche Empfindungen sind wie Blitze, dauern nur einen Augenblick; gut, dass sie kurz sind, aber auch gut, dass sie kommen!

XXXI

Kowel, 2. Oktober 1915.

Lieber Eberhard!
Eben kam dein Brief vom 27ten. Er hat mich durch seinen Ton, durch irgendetwas, das zwischen den Zeilen liegt und auf seelische Wirkungen deines körperlichen Zustandes schliessen lässt, ein wenig bedrückt. Ich erinnere mich aber, dass solche Stimmungen bei dir immer nur vorübergehend sind und bald der Energie und der Lebensfreude, die dein eigentliches Wesen ausmachen, zu weichen pflegen. Deshalb betrachte ich auch deine Ablehnung einer Mitwirkung bei den Friedensverhandlungen noch nicht als definitiv.
Wir haben Luczk, das die Österreicher vor 14 Tagen verloren hatten, wieder genommen und sind gut im Vorwärtsgehen (gestern 3000 Gefangene). Wie weit wir gehen werden, ob bloss bis Rowno, ob bis Kiew, weiss niemand, hängt wohl auch noch von allerhand zukünftigen politischen und strategischen Ereignissen ab. Wir sind aber jetzt hier sehr stark, und die Russen haben in den letzten Tagen grosse Verluste gehabt bei ihrer missglückten Offensive.
Wolhynien ist ein schönes, gesundes Land, Kowel eine anheimelnde kleine Landstadt. Alles fühlt sich dementsprechend wohl und überglücklich, aus den Sümpfen heraus zu sein.

XXXII

Sawerinowka (Gegend von Kukli-Czartorysk)
Dienstag, den 16. November 1915.

Mein lieber guter M.
Nur Postkarten konnte ich dir in der letzten Zeit schreiben; denn wir haben ziemlich schwere Wochen durchgemacht, ja, sehr schwere; und zum Schreiben war wenig Gelegenheit oder Stimmung. Jetzt haben wir vor drei Tagen (am 13ten), endlich eine Entscheidung herbeigeführt, die Russen so geschlagen, dass sie freiwillig das seit Wochen so heiss umstrittene Kampffeld, den Styrbogen westlich von Czartorysk räumten; und damit wohl das vorläufige Scheitern der grossen Iwanowschen Offensive selbst zugegeben und besiegelt haben.
Ich war seit drei Wochen nach vorn kommandiert. Mit totmüden, zum Schluss jammervoll zerfledderten Truppen, mit Regimentern, deren manches kaum noch 100 Gewehre zählte, in einem Gelände, das den Karpathen an Tücke nicht nachstand, haben wir einen an Zahl drei- oder vierfach überlegenen Gegner, der reichlich Munition hatte (er steigerte sein Wirkungsschiessen auf unsere Linien mehrfach bis zum Trommelfeuer) aus seinen mit Draht und allen nur erdenklichen Mitteln ausgebauten Stellungen hinausgeworfen und mehrfach mehr Gefangene gemacht, als wir selbst Gewehre hatten. Der Abschluss dieser wirklich heroischen Kämpfe war am Sonnabend die Erstürmung der Höhen von Podgatje, bei der die Russen so viele Tote und Gefangene verloren, dass sie entmutigt Czarto-

rysk räumten und hinter den Styr zurückgingen.
Niemand, am allerwenigsten die, die das Zusammenschmelzen unserer Truppen unter den Entbehrungen und täglichen Gefechtsverlusten aus der Nähe gesehen hatten, erwartete noch einen so vollkommenen, schnellen Erfolg. Nur der unbeugsame, oft bis zur Lieblosigkeit harte Wille der Führung und die allen Anfechtungen widerstehende Pflichttreue und Angriffslust unserer Truppen haben diesen überraschend glänzenden Abschluss erreicht. Er beweist besser als alles, was ich bisher gesehen habe, dass im Kriege die moralischen Eigenschaften entscheiden, und dass mit deutschen Truppen unter deutscher Führung Nichts unmöglich ist. Als Zeugnis der Grösse unseres Volkes stehen diese Kämpfe mir noch über Tannenberg und Gorlice, gerade weil sie mit zermürbten, zu einer Schlacke ausgebrannten, mit den Nerven, wie es mir und allen schien, fertigen Truppen nur durch die Kraft des Willens und die in den Tiefen unzerstörbare Macht der Pflicht erfochten sind. Nichts war auf dem Schlachtfeld von Podgatje, wo bärtige Landwehrleute neben Kindern lagen, ergreifender als die abgehärmten, dreckbeschmutzten mageren Gesichter unserer Toten. Siebenzehnjährige Leutnants führten in diesen Kämpfen Kompagnien, schlugen sich mit ihren Leuten durch zehnfach überlegene Russenschwärme hindurch. Junger Ersatz wurde mitten im Kampfe ausgeladen, stürmte, liess 50 Proz. liegen, *hatte* aber dann die Stellung. Sie besassen noch nicht einmal Erkennungsmarken! Man hat sie namenlos begraben müssen.
Rückschläge traten ein. Ganze Regimenter wurden aufgerieben. Aber immer wieder sammelte und spann-

te der Wille der Führung die Reste, schliesslich wahrhaft kümmerliche Reste, zum Angriff, bis die letzte Kraftanstrengung, wie ich glaube fast die letzte, die noch möglich war, die Russen zurückwarf.
Jetzt haben wir uns günstige Winterstellungen erkämpft, die Truppen haben Ruhe, werden sich ergänzen können, der politische Zweck der Russen ist vereitelt. Das Wagnis, so viele Truppen aus der Ostfront herauszuziehen, hat sich nicht an uns gerächt. Vollkommene Ruhe herrscht seit Podgatje an unserer Front.

XXXIII

Sawerinowka (Gegend von Czartorysk)
16. November 1915. Dienstag.

Liebe Frau von B.
Fast gleichzeitig kamen zuerst drei geradezu poetisch zusammengestellte Chokoladensendungen von Eberhard und dann zwei selbst diese noch an Gehalt übertreffende überaus freundliche und gütige Briefe von Ihnen. Diese boten gewissermassen die Seele zu jenen Sendungen. Das Ganze war wie ein in Ihrem Hause verlebter schöner Tag. Der Kontrast zu der sehr herben Wirklichkeit, in die sie hineinfielen, war vollkommen. Denn ich bekam sie gerade in den Tagen, wo unsere so überaus schweren und blutigen Kämpfe im Styr-Bogen glücklich für uns zu Ende gingen. Schon seit drei Wochen wohne ich den Kämpfen bei Czartorysk bei. Aber da ich darüber an M. schreibe und ihn bitte, Ihnen eine Abschrift zuzuschicken,

will ich hier darüber schweigen. Nur möchte ich gleich sagen, dass nie Grösseres von unseren Truppen geleistet worden ist als hier, wo wir mit geschwächten Beständen den Durchbruch, der den Russen vor einem Monat bei Czartorysk gelungen war, wieder gutmachen mussten. Seit einem Monat haben unsere erschöpften, zerfledderten, schliesslich fast zu Nichts zusammengeschmolzenen Truppen Tag für Tag angegriffen, um die Russen wieder zurückzudrängen; das Fortbestehen unserer Front diesseits des Bug hing an dem Erfolge. Nun ist es uns geglückt. Nach schweren Rückschlägen, nach Augenblicken, wo die Lage fast verzweifelt schien, hat am Sonnabend die Erstürmung der Höhen von Podgatje uns einen über Erwarten glänzenden Erfolg gebracht. Czartorysk fiel wieder in unsere Hand, der Russe ging schwer geschlagen über den Styr zurück.
Ich bleibe noch hier, obwohl ich nicht glaube, dass der Russe wieder anrennt; dazu hat er zu viel Blut gelassen. Dann kehre ich nach Luczk zurück. Ungern; denn trotz der schweren Augenblicke ist die Luft an der Front doch am reinsten.
Der Typus des jungen Frontoffiziers, der sich allmählich herausbildet, vom Hauptmann abwärts, ist neu und ganz und gar erfreulich. Durch die stets ihn umgebende Gefahr, durch die Sorge für Viele ganz auf ihn Angewiesene, durch die ungeheuere Verantwortung, die er trägt, durch die Umsicht, Kaltblütigkeit, Entschlossenheit und Todesverachtung, die er Tag für Tag üben muss, durch seine enge und oft feindliche Berührung mit der Natur, bekommt er Ähnlichkeit mit dem Seemann. Von diesen Schützen-

graben-Leutnants und Hauptleuten ist es wirklich wahr, dass Keiner von ihnen auf die Dauer bestehen kann, der nicht ein Held ist. Alle haben Rasse, oder bekommen sie; ihr Leben härtet sie zu Stahl, auch die weichsten und jüngsten. Wir haben hier Kompagnieführer von siebenzehn Jahren, die das Vertrauen ihrer Kompagnie, alter Landwehr, erworben haben durch Taten männlichster Umsicht und Entschlossenheit. Ich habe in den Kämpfen der letzten Wochen mehrere solche durch den Krieg emporgetriebene, ganz junge Führer kennen gelernt.
Was wird aus dem Typus im Frieden werden? Ich kann mir nicht denken, dass er wieder ganz verschwindet; dazu haben sich seine Züge, seine Haltung in den langen Kriegsmonaten (bald wird man sagen können Kriegsjahren) zu sehr ausgeprägt und gehärtet. Frühere Kriege haben nicht diese Gestaltungskraft gehabt, wenigstens nicht gerade diesen Typus ausgebildet, weil die Lebensgefahr in ihnen nicht dauernd, sondern ein seltener, aufregender, überschwenglicher Moment war: eine Attacke, ein Überfall, ein rasches Säbelduell zu Pferde mit einem ritterlichen Gegner; heute schwebt ein Schützengraben-Offizier Tag und Nacht in Gefahr, der Tod umgiebt ihn wie die Luft, in der er atmet: knetet und formt ihn in jeder Minute. Eine wunderbare tiefe Fröhlichkeit ist eines der verbreitesten Ergebnisse. Jeder Augenblick ist eine Lust, weil jeder Augenblick ein Geschenk ist. Niemand lacht so leicht wie ein Mann im Schützengraben. Die Fröhlichkeit sprudelt dort wie ein Quell unter dünnen Moos hervor bei der leisesten Berührung. Und doch ist der Gesamteindruck, den dieser Typus macht, ernst.

Denn zur Fröhlichkeit kommt die Resignation. Der Mann im Schützengraben hat auf sein Leben verzichtet. Man trifft hier oft jenen schönen losgelösten Ausdruck, der auf griechischen Grabstelen so ergreifend ist. Und weil man auf das Leben verzichtet hat, ist das Herz leicht. Alle wandeln an dieser letzten Lebensgrenze mit leichten Füssen. Nichts ist an ihnen vom Pathetischen und Pedantischen des Bühnenhelden. Champagner die Luft, die man noch atmen, das Licht, das man mit jungen Augen noch geniessen darf. Der griechische Todesgott, der schöne Jüngling mit sanften Schwingen, nicht das pathetische Skelett herrscht hier. Woher kommen diese Sophokleischen Figuren? Aus welchen Tiefen unseres deutschen Wesens zieht der Tod diese Leichtigkeit? Sie muss in uns, und nur in uns sein; denn die Ungarn, die Ruthenen sind an der Front anders, schwermütig, versonnen, romantisch im Angesicht des Todes wie die Volksweisen, die sie singen. Hölderlin, Gœthe und Nietzsche erscheinen hier als die deutschesten unserer Dichter, die, deren Haltung der Deutsche in seinem wahrhaftigsten Moment fast selbstverständlich annimmt. Wie viele von diesen, die der Tod geformt und geweiht hat, werden zurückkehren? Wird ihre Schönheit verblühen, wenn die Früchte dieses Krieges reif werden? Oder wird als eine dieser Früchte Etwas von ihrer adligen Leichtigkeit dem neuen deutschen Menschen eigen bleiben?

Wird sich überhaupt ein neuer Typus des Deutschen bilden? Auch das ist ein Teil jener grossen Frage, die der Krieg an uns stellt: ob nämlich, wie Sie so schön sagen, unsere Pranke mächtig genug sein wird, das zu halten, was uns der Krieg in den Schoss wirft? Für den Teil der Siegesfrüchte, von dem Sie sprechen, den materiellen, unterschätze ich gewiss nicht den Vorteil, den uns ein Genie wie Bismarck bieten würde. Aber mir scheint es nicht unerlässlich, dass wir diesmal bei den Friedensverhandlungen ein Genie unter unseren Vertretern haben. Denn diesen Krieg entscheidet wie selten einen das Schwert; erst wenn dieses unwiderruflich gesprochen hat, kann überhaupt von Frieden die Rede sein. Und dann wird sich der Besiegte ohne viel Diplomatisieren den Forderungen des Siegers beugen müssen.

XXXIV

Lissowo bei Czartorysk, den 25. November 1915.

Lieber E.
Nochmals Dank für Eure Sendungen. Inzwischen kamen auch vorzügliche Schnittbohnen von deiner Frau, die mit grossem Appetit verzehrt wurden. Wir wohnten in einem kaputten Bauernhause ohne Fenster; diese waren von polnischen Legionären mitgenommen. Du kannst dir denken, wie exotisch in einer solchen Umgebung Schnittbohnen wirkten.
Die Schlacht von Czartorysk ging hin und her vom 16ten Oktober bis zum 13ten November; lauter kleinere und grössere Gefechte durch Wald und Sumpf getrennt, aber fortlaufend *eine* Handlung, *ein* Drama, das anfing mit dem Durchbruch der Russen am 17ten Oktober und der Vernichtung des Regiments „Kron-

prinz" in Czartorysk in der Dämmerung vom 18ten und endete mit dem Sturm auf Podgatje und dem Einritt unserer Patrouillen in Czartorysk am 14ten November. Auf dem Spiele stand das Schicksal unserer Ostfront; wir hätten hinter den Stochod, vielleicht bis an den Bug zurückgemusst.

Der Erfolg ist nur der preussischen Pflichttreue und Zähigkeit zu danken. Viele österreichische Regimenter haben tapfer gekämpft, namentlich die österreichische und ungarische Kavallerie; glänzend auch die Polen, die mehrmals in schwierigen Lagen die Entscheidung gaben. Aber die Österreicher haben doch auch unsere Schwierigkeiten sehr vermehrt, weil man sich nie unbesehen auf sie verlassen kann, und Überraschungen vorkamen.

Sie leiden eben an zwei fürchterlichen Übeln: der Vielheit ihrer Nationalitäten und der Wiener Gemütlichkeit; das zweite vielleicht noch schlimmer als das erste, weil es allgemeiner schädlich ist.

Ein Beispiel: ich war gestern bei Czartorysk, um die Stelle des Durchbruchs zu besichtigen: nachts, weil Czartorysk und die Durchbruchsstelle ausserhalb unserer Linien liegen. Die Sicherung hinter der Durchbruchsstelle hat jetzt ein österreichisches Regiment. Ich ging zwischen unseren und den russischen Stellungen am Styr entlang, kam dann bei hellem Mondschein über die mit Buschwerk bestandenen Styrwiesen gegen das Drahthindernis zurück, kroch darunter durch, ging bis an den Graben der Österreicher und auf der Böschung lang bis ans Ende: *kein Mann oder Posten war zu sehen*; der Graben lag im Mondschein ausgestorben wie das Schiff des „fliegenden Holländers".

Verwundert kletterte ich hinein, ging in der umgekehrten Richtung wieder durch bis ans Ende; fand noch immer Niemanden; liess mir schliesslich vom österreichischen Fähnrich, der mich begleitete, den Unterstand des Kompagnieführers zeigen und öffnen. Der Leutnant, der die Kompagnie hat, sass friedlich an seinem Tisch bei einer Kerze und schrieb Briefe.
Ich fragte eintretend: Wo sind Ihre Leute?
Er sprang auf, schien verdutzt durch das plötzliche Erscheinen eines Preussen; fasste sich aber schnell und meldete, als sei das selbstverständlich: die Leute *„seien beim Menagieren (Essen); da seien sie eben fortgegangen!"*
Deshalb stand kein Posten, kein einziger! Alle Mannschaften, auch die Posten sassen in den Unterständen, löffelten ihre Mehlspeis', schwatzten, rauchten, sangen; weit ab von ihren Gewehren, die auf dem Grabenrande lagen. Der Russe brauchte nur zu kommen: er konnte gefahrlos diese unbewaffneten, ungesicherten, in ihre Unterstände eingekeilten Leute „Hopp nehmen".
Die Posten essen gern warm (selbstverständlich); wenn die Fahrküche kommt, hört für sie der Krieg auf. Und der Unteroffizier oder Offizier ist zu gemütlich, wagt nicht einzuschreiten, drückt ein Auge zu, lässt die Sache laufen; weil ihm der Begriff der Pflicht, fehlt, weil er Fatalist, *halber Levantiner* ist. Eine Front, in der Österreicher stehen, schwebt erfahrungsgemäss deshalb immer in Gefahr, kann jeden Augenblick durchbrochen werden. Unsere Truppen, die rechts und links solche Nachbarn haben, sind nie ruhig, leben ständig in einer hässlichen Angst, mit angespannten,

überreizten, schnell verbrauchten Nerven.
Neulich, mitten im Angriff auf Podgatje, haben die Österreicher, nachdem sie eine russische Stellung gestürmt hatten, in dieser, ehe sie sich einrichteten, zunächst Kaffee gekocht; und sich bei dieser Atempause vom russischen Gegenstoss überraschen und werfen lassen. Erfolg? Wir mussten zwei gute deutsche Kompagnien einsetzen, die bei der Wiedergewinnung des Grabenstückes 50 Prozent Verluste hatten. Der General von Conta, der den Angriff leitete, brüllte die Österreicher an, durchs Telephon: *„Wir sind alle hier, um zu sterben, nicht um Kaffee zu kochen!"* Conta schwebte nicht in Gefahr. Aber richtig war, dass die Österreicher Kaffee kochten, und Deutsche dafür sterben mussten.*)
Und das widerholt sich fortwährend; Österreicher werden, beim „Menagieren" oder sonst, aus Nach-

---

*)Conta, der einen gewissen Ruhm als „Erstürmer des Swinin" (Karpathen) genoss, war im übrigen der Letzte, für den sich Spartanerworte ziemten. Sein Verhalten hatte den Umfang des russischen Durchbruchs bei Czartorysk und die furchtbaren deutschen Verluste mit verschuldet, indem er sich nicht hinter seiner Front aufhielt, sondern in einem Schlösschen abseits, 30 Kilometer *neben* seiner Front. Diese eigenartige Quartierwahl hatte zur Folge, dass die Russen *zwischen* ihm und seiner Front durchbrachen, er selbst tagelang im Gelände herumirrte, abgeschnitten von seinen Unterführern; und vorn deshalb alles in Unordnung geriet. Er hat das ausgewischt, indem er heroisch „seine" Truppen opferte. Wegen „Opfer" ähnlicher Grösse am Swinin hiess er bei den Seinen „der Bluthund". Das Beispiel von solchen Führern hatte aber, *wenigstens damals*, noch nicht bis in die deutschen Grabentruppen und Frontoffiziere hineingewirkt. Die Pflichttreue von Contas Regimentern bei Czartorysk war, trotzdem sie ihn hassten, und nicht sonderlich achteten, musterhaft.

lässigkeit „Hopp" genommen, und arme Kerls von den Unsrigen bluten.
Meine Überzeugung ist, dass wenn es nicht gelingt, dem Österreicher Pflichtgefühl beizubringen d. h. seine Erziehung von Kind auf und die Atmosphäre, in der er lebt, zu ändern, der Fortbestand des Bündnisses, ja der Fortbestand von Österreich unmöglich ist. Hier ist der Kern der österreichischen sowohl wie der österreichisch-deutschen Frage: im Typus selbst des Österreichers, der so, wie er ist, sich nicht eignet zum Träger grossstaatlichen Lebens und grosser internationaler Verantwortungen. Er ist ein reizender Kerl; Alle mögen ihn hier draussen gern, auch die, die unter seinen Fehlern leiden. Aber in ihm steckt noch zu viel Maria Theresia, zu viel wienerische Weiblichkeit: als Verbündeter, auf den man seine Zukunft bauen soll, ist er *so* nur schwer einzustellen.
Es fragt sich also, ob sich rechtzeitig die starke Hand findet, die einen neuen Österreicher formt, oder ob der Krieg genügend zahlreiche Österreicher überzeugt, dass sie Erziehung und Lebensauffassung grundlegend reformieren müssen (so etwa, wie stillschweigend es die Süddeutschen nach' 66 taten) und ob diese durch den Krieg Belehrten dann später genügend Einfluss und Energie haben, um die Reform durchzusetzen? Ich weiss mir natürlich auf diese Fragen keine Antwort. Im österreichischen aktiven Offizierkorps sind Elemente, an die sich eine Reform dieser Art ankristallisieren könnte; nur scheinen sie in der Armee selbst auf Widerstand, zum mindesten nicht überall auf Verständnis zu stossen.
Um zurückzukommen auf die Schlacht: die Russen

sind in der Nacht zum 17ten Oktober zwischen Czartorysk und dem oberhalb am Styr gelegenen Nowosselki, dort, wo der Okonka-Bach in den Styr mündet, durchgebrochen, oder richtiger durchgeschlichen durch das Buschwerk südlich von der Bachmündung. Wahrscheinlich haben sie am 16ten Oktober abends in der Dunkelheit einzeln den Strom durchschwommen; sich dann, immer noch einzeln, von 8 Uhr abends an, durch unsere Posten durchgeschlichen und im Walde hinter unserer Stellung gesammelt: etwa 500 Mann. Im Morgengrauen brachen sie überraschend in unsere Linien von hinten ein (man hörte die Kugeln pfeifen und wildes Hurrä-Brüllen aus dem Walde hinten, ehe man einen Russen sah) während gleichzeitig von vorne grosse Massen stürmten. Ein deutsches Bataillon und zwei österreichische Regimenter wurden sofort aufgerollt und fast vernichtet.
In der nächsten Nacht kamen die Russen von dieser Durchbruchsstelle über den Okonka-Bach herüber und dem in und bei Czartorysk stehenden Ersten Grenadier-Regiment „Kronprinz" in den Rücken. Hier gab es schreckliche Scenen; der grösste Teil der Kronprinzer wurde mit dem Bajonett erstochen.
Jetzt klaffte in unserer Front eine Lücke von etwa 20 km. Russische Patrouillen kamen bis an den Stochod. Vier russische Divisionen brachen durch die Lücke ein. Von überall holten wir, was an Truppen verfügbar war. Einmal schienen die Russen eingekreist. Dann brachen sie wieder durch. Unsere Truppen, Polen, Ungarn, Deutsche, stürmten, von drei Seiten anrennend, ihr Zentrum: das in den Sümpfen mitten zwischen Styr und Stochod hochgelegene Dorf Kukli;

sie wieder überfielen und umkreisten uns in Budka. Schliesslich wurden sie mit ihrem Rücken immer näher an den Styr herangedrängt. Die Einnahme von Podgatje machte ihre Lage unhaltbar. Sie retteten, was noch zu retten war fliehend über den Fluss. Viel von ihren vier Divisionen ist aber wahrscheinlich nicht zurückgekommen. Denn wir haben allein Gefangene an die 15 000 gemacht. Und zahllose Russen sind im Kampfe erschlagen worden. Unsere Sturmkolonnen brachen mit dem Schrei „*Rache für Czartorysk!*" ein; Pardon wurde nicht viel gegeben.

* * *

Czartorysk liegt jetzt noch immer ausserhalb unserer Linien, weil der Styr hier in einem weiten Bogen vorbiegt, und eine rückwärtige Stellung besser ist; aber eine Kompagnie steht in Czartorysk als Feldwache vorgeschoben, und ein deutsches Bataillon zwei Kilometer hinter dem Ort im Walde.
Der Führer von einer der Kompagnieen im Holze, ein kleiner Puttkamer, begleitete mich hinein nach Czartorysk. Es war Vollmond, klare Nacht; die grossen Sanddünen, auf denen Czartorysk steht, lagen geheimnisvoll zwischen Wäldern vor uns. Wir gingen aus unserem Walde und durch das Drahthindernis hinaus auf die Düne, die gegen Czartorysk sanft ansteigt. Unten schimmerte auf den Wiesen Eis im Mondschein; jenseits des Flusses, der hell glänzte, stand dunkel und lang die andere Wald-Lisiere, die russische. Ein russisches Wachtfeuer brannte auf den Wiesen am Flusse weit weg. Leuchtkugeln stiegen. Von Zeit

zu Zeit (selten) fiel ein Schuss. Dazwischen war die Nacht so traumhaft still, wie nur im Kriege.
Puttkamer und ich gingen hinter dem Patrouillenführer auf dem weichen Sande. Er erzählte leise: Kadettenerinnerungen; seine Familie:
„Mein Vater hat ein Regiment, er ist noch jung, erst 44."
„Und Sie: wie alt sind Sie?"
„Achtzehn. Seit einem Jahre habe ich die Kompagnie. Ich bekam sie im vorigen November. Bei Ausbruch des Krieges kam ich aus dem Kadettenkorps. Wir waren fünf, die dort immer zusammen waren. Vier sind schon tot. Das Grab meines besten Freundes sah ich neulich in Sieniava: es ist sehr ordentlich; der arme Junge liegt dort gut. Eine kleine Kugel im Herzen: was macht das? Besser so, wie als Krüppel herumlaufen! Die Angehörigen sind im Kriege auch bald getröstet..."*)
Der Tod ist für diese ganz Jungen an der Front wie ein fernes kaum noch unbekanntes Land, auf das sie knabenhaften unbesorgten Schrittes, nur mit Wehmut manchmal zurückblickend, hineilen. Wie viele Solche gibt es bei uns in unseren Schützengräben! Wie Viele auch, die so sind, drüben bei den Russen, Engländern, Franzosen!
Eine Windmühle taucht auf der Düne dicht am Wege auf, sehr schwarz gegen den mondhellen Sand: dann gleich die ersten Häuser von Czartorysk. Hier sind die „Kronprinzer" erstochen worden; hier und in der langen Dorfstrasse, die hier anfängt. Häuser und Rui-

---

*) Leutnant von Puttkamer ist einige Monate später gefallen.

nen stehen an ihr durcheinander. Die Häuser mit aufgerissenen Türen, fensterlosen dunklen Öffnungen; still, bis auf dann und wann das Aufheulen eines Hundes. In irgend einem dieser dunklen Häuser liegt verborgen unsere Feldwache. Auf dem Marktplatze drängt sich ein Rudel Menschen scheu um einen Karren: die letzten Bewohner von Czartorysk, Juden, Flüchtlinge, fünf oder sechs undeutliche Gestalten. Dann steht vor uns plötzlich ein Posten:
„Welche Kompagnie?"
„Elfte 167".
Die Kompagnie Sinning. Sinning ist der siebzehnjährige Kompagniechef, der sich zweimal während der letzten Gefechte mit seiner Kompagnie durch eine Übermacht von Russen durchschlug. Wir lassen uns zu ihm hinführen. Er steht umgeschnallt im Helm bei einer Kerze und telephoniert eine Befehlsausgabe. Er soll heute Nacht, was von Czartorysk noch steht, abbrennen, damit der Russe sich nicht festsetzt; dann noch drei Tage hier bleiben.
Wir lassen ihn bei seinen Anordnungen und gehen zu seiner Wache, die unterhalb der Synagoge in einem Hause liegt. Durch ein Fenster sehen wir gedeckt hinaus; vorsichtig, denn hier fällt das Ufer steil zum Styr ab, das andere kommt dicht heran, und dort liegen russische Horchposten: man sieht ihre Sandhaufen, glänzende Flecke auf dem matteren Strande. Der Himmel ist im dunklen Fensterrahmen lichtblau, die Häuser und Äste gegen den Himmel ganz schwarz; Tal und Fluss schwimmen unten im Mondlicht wie in Perlmutter. Alles ist überwältigend still. Die grosse Kriegsangst hält drüben und hüben jeden Atem an.

Um zehn Uhr soll die Stadt brennen. Nur noch eine halbe Stunde stehen die schwarzen Häuser am Abhange, und die grosse weisse ärmliche Synagoge. Dann verschwindet Czartorysk wie ein Traum.
Aus einem Hause kommt ein Lichtschein; die Tür fliegt auf, eine lange Flamme leckt empor. Wir eilen beklommen durch die in diesem Augenblick noch dunklen Gassen fort.

* *
*

ANHANG
DER ZUSAMMENBRUCH.

Zur Erläuterung von Brief XXXV Folgendes:

Ich lernte Pilsudski im Oktober 1915 in Wolhynien in seinem Unterstande bei Koschitsche kennen. Die polnischen Legionäre (die übrigens nicht Alle Polen waren, sondern auch Deutsche und Ungarn, nur Alle blutjung) hatten sich in der Schlacht, die damals um Czartorysk tobte, ausgezeichnet; besonders indem sie einige Tage vorher durch einen Sumpfwald, zum Teil barfuss, mit grosser Kühnheit den Stützpunkt der Russen, das Dorf Kukli, stürmten. Pilsudski war der Schöpfer und die Seele der Legion: er-und die feierlichen altpolnischen Volkslieder, die die Legionäre beim Sturm und in Gefahr anstimmten.
Ich kam zum erstenmal am 29. Oktober zu Pilsudski in Begleitung des österreichischen Abschnitts-und Kavalleriekommandeurs Grafen Lasoçki. Wir fanden ihn inmitten seiner, sogar an der Front in Erdlöchern und im Walde, phantasievoll uniformierten Polen in Zivil: einen einfachen Mann in einem wollenen, grauen, gestrickten Sweater, zurückhaltend, nüchtern bis auf einen mystischen Einschlag, wenn von Polen die Rede war. Er schien etwas müde, früh gealtert, unmilitärisch gebückt; hatte aber merkwürdig schöne, tiefe, energische, plötzlich wieder weiche, und dann auch junge Augen. Das Gesicht, Schnitt und Ausdruck, erinnerten an Dostojewski, auch an Nietszche. Er wirkte vergeistigt und fast proletarisch gegenüber dem feinen, strammen, weltmännischen Lasoçki.
Dieser sah meine Unterredung mit Pilsudski nicht gern, weil die österreichische Politik ein allzu gutes

Verhältnis zwischen Deutschen und Polen nicht wünschte. Da ich aber das deutsche Armeegruppenkommando in der vorderen Linie vertrat, die österreichischen Abschnittskommandeure mir deshalb nichts zu sagen hatten, fügten sie sich in meine Beziehungen zu Pilsudski. Ich erreichte, dass die polnischen Legionäre nach ihrem Sturm auf Kukli vom deutschen Oberkommando nicht mehr geringschätzig, wie früher vom österreichischen, behandelt wurden. Und Pilsudski sagte mir dann ziemlich offen *seine Ziele. Er bezeichnete die Vereinigung von Galizien und Kongresspolen als unerlässlich, ja unaufhaltsam; bestritt dagegen jede Absicht auf Westpreussen oder grössere Teile von Posen: wenigstens für sich und die „jetzige Generation". Was Spätere unternehmen würden, lasse sich nicht voraussagen. ebensowenig versprechen, was geschehen würde, wenn Deutschland unterliege, und die Entente Polen Westpreusen etwa anbiete. Für ihn aber sei die Hauptsache, dass Deutsche und Polen ihre alte Feindschaft vergässen; ja, lernten, wie endlich zur Vernunft gekommene Nachbarn freundschaftlich zusammenzuarbeiten.*
Ich habe dann Pilsudski bis 1918 nicht wiedergesehen. Seine Verhaftung im Jahre 1917, auf Grund einer österreichischen Denunziation, schien mir dumm, ja verhängnisvoll; ich sagte es in Berlin.
Als 1918 der Zusammenbruch bevorstand, besann sich mein damaliger Chef, der Gesandte in Bern Baron Romberg auf diese Beziehungen, schickte mich zum Staatssekretär Solf nach Berlin; und das Kabinett befahl mir, Pilsudski, der in Magdeburg auf Festung sass, aufzusuchen, mit ihm wieder anzuknüpfen, ihn auszuforschen und zu sehen, ob von ihm irgendwelche

Hülfe zu erwarten sei?

Ich fuhr am 31.Oktober nach Magdeburg; und erhielt von Pilsudski auf meine Frage nur die Antwort: „*Er habe mir seine politischen Ansichten 1915 gesagt; seitdem habe sich an seiner Grundauffassung nichts geändert.*"
Da die Beselersche Politik offenbar bankrott war, nur der Nationalheld Pilsudski eine Katastrophe verhüten konnte, trat jetzt die deutsche Volksregierung in Erwägung der Bedingungen ein, unter denen sie ihn freizulassen gewillt wäre. Er sollte vor allen Dingen schriftlich und ehrenwörtlich erklären, dass er nichts gegen Deutschland unternehmen werde. Die Erklärung verfasste der General Hoffmann. Ich meinerseits weigerte mich, Schriftliches zu fordern, da Pilsudski schon die Zumutung als Beleidigung auffassen und abweisen werde; ferner aber nach einer schriftlichen deutschfreundlichen Erklärung, die sicher nicht geheim bleiben werde, uns, weil in Polen unmöglich, Nichts mehr nutzen könne.

Als die Revolution kam, wurde ich, ohne Klärung dieser Frage, am 6. November wieder nach Magdeburg geschickt, um dort die Kabinettsentscheidung abzuwarten. Auch der 7. November verging ohne endgültige Weisungen; bis in der Nacht vom 7. zum 8. mir nunmehr dringend der Befehl zuging, Pilsudski auch ohne schriftliche Erklärung zu befreien und auf dem schnellsten Wege nach Berlin zu schaffen. Das Weitere ergibt der Brief.

Es sei nur noch hinzugefügt, dass Pilsudski zu spät nach Warschau kam, um noch die überflüssige, theatralische Entwaffnung deutscher Truppen durch gernegrosse, schauspielernde Gymnasiasten und Studen-

ten zu verhindern. Dass aber an diesem schmählichen Zusammenbruch der deutschen Macht in Polen die deutschen Machthaber selbst schuld waren: ihre Sorglosigkeit, die jahrelang Schiebertum und Bestechung duldete, bis Verwaltung und Heer zermürbt waren, und die bei wachsender Gefahr Nichts vorbereitete, um weit zerstreute, zum grossen Teil demoralisierte Abteilungen und Regierungsstellen zu schützen oder rechtzeitig einzuziehen. Das Letzte war die Flucht des Generalgouverneurs! Danach verging Vielen selbst die Scham. Was sich abspielte, war so, dass Niemand den Übergang der Gewalt von Deutschen an Polen in ordentliche Bahnen hätte zwingen können. Aber Pilsudski kam noch gerade rechtzeitig, um den Bolschewismus zu verhindern, der drohte, und dessen Sieg in Polen auch der deutschen Revolution eine völlig andere Wendung gegeben hätte. Polen wäre Brücke geworden zwischen Russland und Deutschland. Pilsudskis ungeheure Volkstümlichkeit gab den Ausschlag!
Sein Versuch allerdings einer vernunftgemässen Verständigung mit Deutschland scheiterte, weil die Entente und die Polen in Paris sie nicht wollten; aber den Versuch machte er. Er liess die letzte den alten deutschen Überlieferungen treue Truppe, das Regiment „Jablonna", mit militärischen Ehren, Waffen und Musik, durch Warschau abmarschieren. Er bat um eine deutsche diplomatische Vertretung. Und als ich acht Tage später nach Warschau kam, erwiderte er als Staatsoberhaupt auf die Ansprache, mit der ich mein Beglaubigungsschreiben überreichte, ganz im Sinne seiner Äusserungen in Koschitsche und Mag-

deburg: „*Wir beide hätten die hohe Ehre und gemeinsame Aufgabe, unsere beiden Völker aus der alten Feindschaft in eine neue Freundschaft hinüberzuführen.*" Das war nicht diplomatische Redensart, sondern, wie die Wiederholung desselben Gedankens bei so verschiedenen Gelegenheiten zeigte, im Tiefsten sein Sinn; und als eine andre Politik Polen aufgezwungen wurde, hat er nur widerwillig, und nach seiner Meinung zeitweilig, nachgegeben. Nicht aus Abneigung gegen die Entente; auch gewiss nicht aus Gefühlen der Freundschaft gegen Deutschland, zu denen ihm Deutschland niemals Anlass bot: sondern weil er sehr kalt bestimmte Tatsachen im Auge behielt, sie ohne Selbsttäuschung einschätzte, und daher sah, dass die Hülfe der Entente Polen auch zu teuer werden konnte. Er ist Landmann, Litauer, Marxist, früherer russischer Sträfling, und deshalb kühler, wirtschaftlich gebildeter, mit einem anders gerichteten Hass als die Polen, deren Phantasie in Pariser oder Warschauer Salons genährt und warm gehalten wird. Selbst seine mystische Gläubigkeit an Polens Sendung wird den auswärts geschmiedeten Plänen öfter widerstreben als innerlich zustimmen; weil ihm eine eigene Vorstellung vorschwebt von Polens Politik. Vielleicht beugt er sich manchmal zu leicht fremdem Druck. Aber er hat die Zähigkeit des Mystikers. Er ist die grösste Gestalt Polens seit Koscziusko; sein mächtigster Mann, Einer, gegen den alle Andren verschwinden, seitdem er im gefährlichsten Augenblick die Leitung übernahm und behielt. Wenn und solange ein polnischer Staat bestehen bleibt, muss die Überzeugung Dessen, der ihn schuf, zu seinem geistigen Kapital gehören; mag dieser selbst opportunistisch diese Überzeugung auch zeitweise geopfert haben. Der Versailler Vertrag hat allerdings seit 1918 neue, künstliche Hindernisse einer Verständigung dem nationalen Vorurteil hinzugefügt; aber nicht deren geographische und wirtschaftliche Notwendigkeit vermindern können, - im Gegenteil: - weder für die Deutschen, noch für die Polen! Gewiss haben wirtschaftliche und geographische Notwendigkeiten oft nicht allein die Kraft, sich ohne Katastrophe durchzusetzen. Umso bedeutsamer, dass die Notwendigkeiten, die das polnisch-deutsche Verhältnis beherrschen, Pilsudski wenigstens damals klar vor Augen standen, als er durch die Aufstellung seiner Legionen und durch sein Erscheinen in Warschau beim deutschen Zusammenbruch der eigentliche Wiederhersteller Polens wurde.

XXXV

Berlin, den 12. November 1918. *)

Lieber F.
Deinen freundlichen Brief vom 2. d. erhielt ich. Seitdem ist viel geschehen!
Zunächst die Befreiung Pilsudskis, die zu einem Abenteuer wurde. Durch Verhandlungen über eine ihm abzuverlangende schriftliche Erklärung, von der ich abriet, verschob sie sich bis Freitag früh den 8ten; während ich schon seit Mittwoch Abend in Magdeburg sass.

---

*) Brief nach Bern an den zur deutschen Gesandtschaft kommandierten Oberleutnant Fritz von Schöler.

Am Donnerstag wurde dort die Lage ungemütlich. Der Kommandierende, ein alter Kavallerist, ordnete Alarmbereitschaft an, der Polizeipräsident raufte sich über diese nutzlose Demonstration die Haare, und der Festungsadjutant kam gelaufen, ich möchte als Beauftragter der Volksregierung Gegenmassnahmen einleiten. Dieses lehnte ich natürlich ab, schon um den Schlamassel nicht zu vergrössern. Dagegen erklärte ich mich bereit zu einer Unterredung mit dem Kommandierenden, falls er darauf Wert lege. Noch während ich dieses sagte, klingelte der Adjutant des Generalkommandos schon an: „Exzellenz wünsche mich zu sprechen, - bald, möglichst bald!"
Ich fuhr hinaus und fand einen alten kriegsverbrauchten Mann, der offenbar stündlich seine eigene Verhaftung erwartete. (Der Kommandierende in Hannover war bereits „Hopp genommen", was starken Eindruck machte). Er empfing mich gebückt, setzte sich schwer in seinen Stuhl und fragte: *Wie man es in Berlin mache, und was ich hier in Magdeburg tun würde?* Ich riet, die Truppen möglichst wenig vorzuschicken, da sie die Bevölkerung irritierten, und nicht einmal kämpfen würden; besser sei, die Ordnung wenn möglich durch die Gewerkschaften und die sozialdemokratische Organisation aufrecht zu erhalten. Er stimmte Allem nur zu und sagte: so habe er es schon immer machen wollen. Im Übrigen habe er „*Nichts da. Womit soll ich einen Aufstand niederwerfen?*"
Den Abend sassen wir in Erwartung der Ankunft der Matrosen; und am Bahnhof passierte ein bedauerlicher Zwischenfall: der Stellvertreter des Garnison-Ältesten, ein Oberst, schoss ohne irgendwelchen Grund

einen in einem Zuge einfahrenden Wachtmeister tot, meldete sich beim Kommandierenden und floh! Züge und Zeitungen aus Berlin waren ausgeblieben; aber das Bahnhofkommando hatte um Zehn noch Telephonverbindung mit Berlin. Stendhal war von den Roten besetzt; ebenso Schwerin. Die Physionomie der Revolution begann, sich abzuzeichnen: allmähliche Inbesitznahme Norddeutschlands durch die meuternden Matrosen, die von der Küste vordrangen, Ölfleck, der sich vom Rande ins Land hineinfrass. Berlin eine Insel. Umgekehrt wie in Frankreich revolutionierte die Provinz die Hauptstadt, die See das Land: Vikinger!

* * *

Am nächsten Morgen um Zehn sollte Pilsudski befreit werden. Um halb neun erschien der Bewachungsoffizier bei mir und meldete, der Zugverkehr nach Berlin sei eingestellt; die Beförderung Pilsudskis auf der Bahn deshalb nicht möglich. Ich beschloss, ihn trotzdem zu befreien und im Auto fortzuschaffen; namentlich da inzwischen die Regierung um äusserste Beschleunigung der Sache telegraphierte.
Während ich vom Kommandanten der Kraftfahrer-Truppen am Telephon ein Auto forderte, kurz nach Neun, brach die Revolution aus. Ein grosser Zug von Soldaten, Matrosen und Zivilisten mit roten Fahnen zog durch die Hauptstrasse, riss den Offizieren die Achselstücke herunter, nahm ihnen die Säbel ab, hielt die Elektrischen mit Schüssen auf, stürmte die Wachen und Kasernen. Ich hatte kein Zivil, ging daher in Uni-

form zum Kommando der Kraftfahrer, ohne den Meuterern zu begegnen, und traf dort als Kommandanten einen sehr entschlossenen, mutigen Offizier, den Rittmeister von Gülpen, der den Krieg bei den Türken im Kaukasus mitgemacht hat. Ich setzte ihm die Lage auseinander, verlangte ein Auto, da die Menge zweifellos Pilsudski mit Gewalt befreien und dabei vielleicht verletzen werde; und bat um seine Unterstützung. Er versprach, uns selber bis Berlin zu fahren.
In Uniform durch die Strassen kommen war inzwischen nicht mehr möglich. Gülpen gab mir einen Jagdmantel, den ich über meine Uniform zog, dazu einen alten Schlapphut. Ich verabredete mit ihm, dass ich mich durch Seitenstrassen in die Festung schleichen, dort Pilsudski und seinen Stabschef befreien werde; während er, natürlich in Zivil, das Auto aus der Stadt heraus und über die Elbbrücke auf die Berliner Chaussee brachte. Als Verbindung bestimmten wir ein Tippfräulein. Die entscheidende Stelle für unser Unternehmen war die Elbbrücke. Ich kam unbehelligt hinüber. Gülpen rief der Menge zu, er fahre auf die Zitadelle „Gefangene befreien" (was ja übrigens wahr war) und wurde ebenfalls durchgelassen.
Pilsudski und sein Stabschef Sosnkowski wussten hinter ihren Gittern und Holzpalisaden noch von nichts. Sie gingen am schönen Morgen im Garten spazieren. Als ich vor sie hintrat in meiner merkwürdigen Verkleidung, die zur Feierlichkeit des Momentes wenig passte, machten sie ein etwas erstauntes Gesicht, nahmen aber die Mitteilung, dass sie frei seien, mit würdiger Höflichkeit *à la Polonaise* entgegen. Ich fügte dann hinzu, dass in der Stadt Unruhen ausgebrochen

seien, wir schnell fort müssten, ich ihnen deshalb nur zehn Minuten geben könne, um zu packen. Jeden Augenblick konnten die Festungswache und die Festung überrannt werden.

Ich ging wie auf Kohlen im Garten unten auf und ab, während sie oben an ihren Zahnbürsten, Hauspantoffeln, Familien-Photographien und Anderem packten. Schliesslich erschienen sie, Jeder mit einem Bündelchen. Die Soldaten, die merkten was los war, Verwundete, Rekonvaleszenten, Festungsgefangene, rotteten sich unten auf dem Hof zusammen. Mit unheimlicher Neugier wurden wir empfangen, als wir aus der verriegelten und verschlossenen Palisadentür auf den grossen Festungshof hinaustraten: Pilsudski in polnischer Obersten-Uniform, Sosnkowski*) in Zivil, ich oben im Jagdmantel, unten in Uniformstiefeln, das Ganze bekrönt von einem Schlapphut. Wir kamen an der erstaunten und verdutzten Wache vorbei, bogen aus der Festung hinaus über die zweite Elbbrücke (die Festung steht auf einer Insel), trafen jenseits das Tippfräulein, die uns die glückliche Ankunft des Autos auf der Chaussee meldete; sassen schnell drinnen und fuhren los durch einen warmen, hellen, himmelblauen Tag, wo zwischen Wald und Acker Revolution unmöglich schien.

Gülpen, der wie gesagt ein Mordskerl ist, hatte in Genthin in einer Molkerei für ein fabelhaftes Frühstück telephonisch vorgesorgt; Milchsuppe, massen-

---

*) Während meiner Gesandtschaft Kommandierender des Ersten Polnischen Armeekorps in Warschau; später polnischer Kriegsminister.

haft Butter, Bratkartoffeln. Der Molkereibesitzer fragte zwar nach der Revolution, schien aber unbekümmert: in Brandenburg sei noch Alles ruhig. Fast wären wir vor Faulheit und Sonnenschein dort geblieben.
Nach einer Stunde ging es aber weiter. Die Fahrt durch die Landschaft im zarten Nachmittags-Sonnendunst wurde traumhaft. Von Zeit zu Zeit, (etwa alle 20 Kilometer) platzte ein Reifen; und da diese Reifen statt mit Luft mit Kartoffelbrei aufgepumpt waren, (eine Kriegserfindung) entströmte ihnen jedesmal ein appetitlicher Pudding Geruch; (was übrigens ganz praktisch war, weil man gleich merkte, wenn ein Reifen defekt wurde.) Pilsudski, der hustete und sich einen alten Filzhut zum Schutze gegen Luftzug vor den Mund hielt, stiess mich einmal an, zeigte ins Feld, sprach leise, seine Stimme schonend, mir ins Ohr: so sei die Heimat, sein Heimatland, wo er aufgewachsen sei: so ein armer Boden, solche Kiefern, solche Waldstückchen; nur hügeliger, rauher sein Familiengütchen dort oben bei Wilna. Seine graublauen, etwas unheimlichen, aber sehr gütigen Augen blickten weich in die Landschaft. Das Menschliche gewann die Oberhand. Wir waren in der himmelblauen, von Krieg und Revolution umgebenen paradiesischen Natur wie Brüder.
In Wustermark (bei Döberitz) fuhren wir aus dieser Idylle wieder in die Revolution: die ganze Bevölkerung auf den Beinen, gaffend und Spalier bildend am Bahndamm: dahinter untätig ein Unteroffizierposten in komischen feldgrau lackierten Landsturmmützen (Modell 1813,,,Lützows wilde verwegene Jagd"); ein Gardehusarenoffizier (Reserve) in roter Attila als Zu-

schauer. Die Revolution in Gestalt von zwei dicht mit bewaffneten Matrosen besetzten Zügen fuhr langsam, unbehelligt hinter uns vorbei durch die Landschaft: bei geschlossener Barriere! Uns aber hielt der Landsturm an.*) Zum Glück hatte ich Ausweise, denn wir sahen in der Tat aus wie Bolschewiks, namentlich ich und die polnische Oberstenfigur. So entkamen wir und waren um Fünf in Berlin (Reichskanzlerplatz, Berlin W. W. W), das Auto zusammengebrochen, wir aber und die Flüchtlinge wohlbehalten.

* * *

Berlin war an diesem Abend (Freitag) noch äusserlich ruhig, obwohl der Ausbruch der Revolution auch hier stündlich zu erwarten stand. Ich telephonierte vom Reichskanzlerplatz ins Amt an Hatzfeldt,**) der mir sagte, die Weiterfahrt nach Warschau sei heute unmöglich, weil der Bahnverkehr ruhe. Wir brachten daher unsere beiden Schützlinge ins Continental, wo das Amt vorsorglich, in Erwartung der Revolution, Zimmer bestellt hatte.

* * *

Pilsudski drückte es, wie mir Sosnkowski sagte, dass er ohne Degen war. Deshalb warf ich mich am näch-

---

*) Die Szene hatte mehr von Kotzebue als von „Befreiung eines Nationalhelden".

**) Prinz Hermann Hatzfeldt, Referent für polnische Angelegenheiten im Auswärtigen Amt.

sten Morgen (Sonnabend den 9ten November), um ihm einen Degen zu überreichen, in Uniform, weil ich diese Feierlichkeit nicht mit der nötigen Würde in Zivil vornehmen konnte, und ging so durch die Stadt: wobei mir nach Dem, was ich in Magdeburg gesehen hatte, etwa zu Mute war, wie bei unserem gemeinsamen Übergang über die Pilitza im Dezember 1914.*) Tatsächlich bin ich aber unbehelligt bis zwei Uhr in Uniform in Berlin herumgegangen. Alle Waffengeschäfte waren allerdings gesperrt. Und dieses zwang mich, oder gab mir eine ganz erwünschte Gelegenheit, mein eigenes Seitengewehr aus dem Felde als Andenken Pilsudski zu überreichen.

Um Eins war ich, über meine Unterhaltung mit Pilsudski berichtend, bei Langwerth im Amte;**) wir standen am Schreibtisch, es wurde angerufen, Langwerth sagte blos: *eben ist die Maikäfer Kaserne gestürmt!* Jetzt war es höchste Zeit, Pilsudski aus Berlin fortzuschaffen. Ich ging mit Hatzfeldt ins Kriegsministerium, um einen Extrazug zu verlangen. Ein Generalstabsmajor empfing uns wie in den schönsten Kriegstagen, überlegen und schnoddrig; Pilsudski war für ihn noch immer „der Kerl"!

---

*) Leutnant von Schöler begleitete mich Ende 1914 bei einer Erkundung gegen russische Infanterie, die von jenseits der Piliza die Stadt Tomaszow beschoss. Da die Holzbrücke abgebrannt war, Eis auf dem Flusse trieb, krochen oder sprangen wir auf einem Gemisch von verkohlten Balken und Eisschollen in der Dämmerung hinüber; allerdings unter völliger Gleichgültigkeit der auf den Uferhöhen lagernden Russen, die uns nicht eines Schusses wert hielten!

**) Baron Langwerth von Simmern, während des Krieges Chef der politischen Abteilung im Auswärtigen Amte, jetzt Botschafter in Madrid.

Als wir herauskamen und beim Völkerkunde Museum die Königgrätzerstrasse passierten, zog gerade ein grosser Zug Demonstranten vom Anhalter Bahnhof nach dem Potsdamer Platz. Wir kamen am Schwanz hinten vorbei. Jenseits, an der Ecke der Königgrätzer und Schönebergerstrasse wurden frische Extrablätter verkauft. „*Abdankung des Kaisers!*" Es war gegen halb Zwei. Abdankung des Kaisers! Ende der Dynastie! So nebensächlich! Nicht einmal ein Vordergrundereignis; ein Seitenspiel irgendwo weit hinten! „Längst überholt" sagte mir schon heute Morgen im Amte O.

Um mir nicht die Achselstücke und Kokarden von irgendwelchem grünem Jungen herunterreissen zu lassen, ging ich nach Hause und zog Zivil an. Auf dem Rückwege nach dem Amte sah ich in der Wilhelmstrasse das erste rotbeflaggte Auto, ein feldgraues mit dem Kaiserlichen Wappen.

Um Zwei hatte ich Pilsudski, seinen Stabschef Sosnkowski, Gülpen und Hatzfeldt zu mir bei Hiller eingeladen ins altdeutsche Zimmer, weit hinten. In den vorderen Sälen waren die Vorhänge zugezogen, alle Tische voll besetzt. Man hörte hinten nichts; aber die Kellner berichteten von Zeit zu Zeit, grosse und immer grössere Volksmengen zögen durch die Friedrichstrasse.*) Lange Pausen traten ein, während deren man scherzhaft Erkundigungen einzog bei Herrn Stock**),

---

*) Ein junger Kellner von Hiller wurde an diesem Nachmittage auf der Strasse tot geschossen.

**) Oberkellner bei Hiller, früher Leibkellner von Eduard VII in Paris im Hotel Bristol und in dem zu intimeren Zwecken vom Könige benutzten Hotel Albany.

ob die Küche noch in Händen der Regierung sei? Die Stimmung in diesem stillen, tief verhängten Zimmer bei sorgfältig gekühlten oder angewärmten Weinen und friedensmässigem Diner in Gesellschaft eines Menschen wie Pilsudski, während draussen die Revolution losbrach, war sonderbar: Pilsudski ernst und bedrückt, weil er den ungeheuren Eindruck dieser deutschen Vorgänge in Polen fürchtete! Sosnkowski zum ersten Male auftauend.*)

* * *

Gegen Fünf gingen wir auf die Linden hinaus. Sie waren dunkel und ziemlich leer. Aber fortwährend fegten tutende, ratternde, rotbeflaggte Last-Autos (man erkannte das Rot undeutlich in der Dämmerung) dicht mit Bewaffneten besetzt, vorüber; ziellos, oder ohne erkennbares Ziel, und wie es schien, aus blosser Freude an der Bewegung hin und her rasend. Die Kerle darauf, Soldaten, dazwischen auch bewaffnete Zivilisten und einzelne Frauen, schrieen; die Leute auf der Strasse schrieen wieder. Geschossen wurde um diese Zeit nicht. Ich brachte Pilsudski ins Continental und verabschiedete mich. Vor der Tür des Hotels stand als Posten ein alter, graubärtiger, bewaffneter Arbeiter, ein „*Rotgardist*", sagte der betresste Portier, nicht ohne Stolz.
Ich ging durch die Wilhelmstrasse nach Hause. Auf

---

*) Pilsudski, der sehr wortkarg in sich hineinsann, äusserte doch wiederholt die Besorgnis, er käme „zu spät": zu spät zur Rettung Polens vor dem Bolschewismus.

dem Potsdamerplatz wogten grosse Ansammlungen, durch die ebenfalls fortwährend Soldaten auf Lastautos mit Schreien und Hurra sich einen Weg bahnten. Bis auf das Geschrei und das schreckhafte Aussehen und Rattern der Autos, die terroristisch rot bewimpelt von Gewehren wie Borstentiere starrten, war Alles auffallend ruhig und ordentlich, eine Demonstration, kein Aufstand. Nur das Militär revoltierte; die Bevölkerung, mit Ausnahme der nicht zahlreichen bewaffneten Zivilisten, sah zu, und las Extrablätter.

* * *

Ich ging in die Viktoriastrasse zu Schickele bei Paul Cassirer. Unten war in einem Saal eine Versammlung, in der der Intellektuelle Pfempfert die Ausrottung der Intellektuellen forderte. Oben hörte man aus den Hinterzimmern in der stillen Nacht schiessen, langsames Infanteriefeuer. Die Schüsse leuchteten einzeln am Himmel: über dem Marstall. Um diesen wurde also noch gekämpft. Das Schloss war bereits in Händen der Revolutionäre.
Gegen Zehn begleitete ich Schickele und Andere in den Reichstag.*) Vor dem Hauptportal stand, von mehreren Autos durch Scheinwerfer jäh beleuchtet, eine dichte Menge; lauter weisse, gespannte Gesichter. Viele drängten die Stufen hinauf ins Portal. Soldaten mit roten Schleifen und umgehängtem Karabiner hielten sie zurück, fragten, ehe sie hineinliessen, Jeden, was er drinnen wolle? Wir kamen auf Grund

---

*) Wir wollten Haase sprechen wegen Elsass-Lothringens.

irgendeines Ausweises durch.
Innen herrschte buntes Treiben; treppauf, treppab Matrosen, bewaffnete Zivilisten, Frauen, Soldaten. Frisch und sauber, vor allen Dingen sehr jung die Matrosen; alt und kriegsverbraucht, in verfärbten Uniformen, unrasiert und unordentlich die Soldaten: Überreste eines Heeres, traurige Bilder des Zusammenbruchs.
Wir mussten zuerst in ein Fraktionszimmer, wo an einem grünen Konferenztische drei Matrossen sassen, blutjunge Burschen, die Waffenscheine ausstellten: mit grossem Ernst und der selbstbewussten Wichtigkeit von Schuljungen; prüfend, bewilligend, verwerfend: Revolutionsmachthaber. Wir sahen uns das Schauspiel an und durften dann, allerdings ohne Waffenschein, weiterziehen. In der Wandelhalle lagen und standen im Halbdunkel der Säulen Gruppen von Matrosen und Soldaten; Gewehre waren auf dem mächtigen roten Mittel-Teppich zusammengestellt, auf den Bänken schliefen Leute lang hingestreckt. Russischer Revolutionsfilm! Taurisches Palais, März 17! Plötzlich flog vor uns die Tür des Sitzungssaales auf.
Während die Wandelhalle in einer Art von Dämmerung lag, war der Sitzungssaal grell beleuchtet: Bogenlicht. Mir fiel zuerst seine Hässlichkeit auf; nie ist er mir so würdelos und kneipenhaft vorgekommen, dieser geschmacklose „altdeutsche" Kasten: eine schlecht imitierte Augsburger Hochzeitstruhe. Drinnen wogte zwischen den Bänken eine Menschenmenge, eine Art Volksversammlung, ein Auflauf: Soldaten ohne Kokarden, Matrosen mit umgehängten Karabinern, Revolutionsweiber rot beschleift; und dazwischen Abgeordne-

te, die kleine Gruppen um sich sammelten: Dittmann, Oscar Cohn, Vogtherr, Däumig, die Helden der Revolution. Haase stand vorgebeugt über den Bundesratstisch und sprach auf einen jungen Zivilisten ein, einen Bolschewisten, wie es hiess, dessen Ansichten er widerlegte. Wir blieben nicht, sondern drängten durch die Menge wieder zum Sitzungssaal hinaus. Oben in einem Zimmer im zweiten Stock, in das wir zufällig kamen, verteilte eine Dame in Federhut Legitimationen. Ich bekam ohne grosse Formalitäten eine Karte, durch die ich beauftragt wurde, „den Ordnungs- und Sicherheitsdienst in den Strassen der Stadt zu versehen". So entschloss ich mich*) der Revolution wieder auf der Strasse zuzuschauen, verliess den Reichstag, schlenderte am Tiergarten entlang, durchschritt die Absperrung am Potsdamerplatz und ging in die Richtung des Schlosses, wo wieder geschossen wurde.
Die Leipziger war menschenleer, die Friedrichstrasse nächtig belebt vom dort üblichen Publikum (Jungens und Dirnen) die Linden gegen die Oper dunkel. In der Schinkelschen Wache hinter den Säulen sah man helles rotes Licht wie von einem Wachtfeuer und im Qualm viele Soldaten. Auf der Schlossbrücke Niemand; die weissen nackten Krieger mit ihren Siegesgöttinnen allein.
Im Schloss einzelne Säle hell erleuchtet, die meisten Fenster dunkel, Alles still. Patrouillen rund herum, natürlich revolutionäre, die anriefen und durchliessen. Vor dem Marstall auf dem Schlossplatz und in der

---

*) Die Unterredung mit Haase war ergebnislos verlaufen.

Brüderstrasse viele Steinsplitter. Das Dach war noch besetzt (angeblich) von Pfadfindern, der Posten sagte „Lausejungens". Autos mit Bewaffneten brausten über die Schlossbrücke heran, wurden angehalten, umgedreht und nach der Enckestrasse 4 gewiesen; dort verteidigten sich, wie gerufen wurde, zwei Kaisertreue Offiziere und dreissig Mann. Hinter der Schlossbrücke, an der Ecke der Königstrasse standen in der Dunkelheit kleine graue Rudel von Menschen, die von revolutionären Posten fortwährend auseinander getrieben immer wieder da waren: lichtscheues Gesindel, so flüsterte mir ins Ohr ein roter Unteroffizier, Verbrecher, gierig, das von Revolutionären gestürmte, bewachte Schloss zu plündern.
Denn die Revolutionäre selbst, die Soldaten und Matrosen, wollen Ruhe und Ordnung. Im Allgemeinen verläuft daher Alles erstaunlich ordentlich. Das Alltagleben auf den Strassen geht am Tage seinen trägen Gang. Trotzdem herrscht noch heute, drei Tage nach der Umwälzung, ein grosses Gefühl der Unsicherheit, weil immer wieder geschossen wird, bald hier und bald dort. Irgendwo heisst es, Offiziere oder Jugendwehr seien versteckt in einem Hause, auf einem Dach; es schiesst: und dann entwickelt sich bald ein Feuergefecht, Infanterie, Maschinengewehre, Handgranaten, schliesslich Artillerie. Seit Sonnabend flakkern diese Strassengefechte unaufhörlich. Ganz plötzlich und immer wieder an einer andren Stelle: am Reichstag, Unter den Linden, in der Friedrichstrasse, am Alexanderplatz. In der Nacht vom Sonntag zu Montag war von 11-5 Uhr, wie erzählt wird, Artillerieschlacht am Savoyhotel; heute Nachmittag gab

es ernstliche Gefechte an der Hausvogtei und am Alexanderplatz. In diesem Augenblicke (11 Uhr Nachts) rattert es mächtig in der Gegend des Potsdamer Platzes. Es giebt jedesmal wenig Blut aber viel Aufregung, da überall grosse Menschenmengen, wie sie sich jetzt auf den Strassen zusammenrotten, dicht zusammengeballt ins Feuer kommen. Auf diese Aufregung ist es wohl abgesehen, damit allmählich Unordnung entsteht, die den Terror und die Diktatur vorbereiten soll. Wenn Hunger hinzukommt, dann müssen schlimme Dinge eintreten. Sollten die Waffenstillstandsbedingungen nicht gemildert werden, so wird die Katastrophe nicht zu vermeiden sein und der Bolschewismus Europa verschlingen.

REGISTER.

BRIEFE		SEITE
I	Birkholz bei Beeskow (i. d. Mark). 9. August 1914 an Gustav Richter in Berlin.	1
II	Birkholz. 12. August 1914 an Gustav Richter.	2
III	Berlin. 13. August 1914 an Gustav Richter.	2
IV	Jünkerath in der Eifel. 16. August 1914 an Gustav Richter.	3
V	Lüttich. 23. August 1914. an Gustav Richter.	4
VI	Namur. 26. August 1914 an Gustav Richter.	6
VII	Ostpreussen. 5. September 1914 an Gustav Richter.	8
VIII	Ostpreussen. 10. September 1914 an Gustav Richter.	9
IX	Südpolen (Gegend von Opoczno). 13. Oktober 1914 an Gustav Richter.	10
X	Spala (Jagdschloss des Zaren). 23. Oktober 1914 an Gustav Richter.	11
XI	Czenstochau. (Polen) 6. Nov. 1914 an Gustav Richter.	12
XII	Czenstochau. 7. November 1914 an Hugo v. Hofmannsthal nach Wien.	15
XIII	Czenstochau. 11. Nov. 1914 an Gustav Richter.	17

BRIEFE		SEITE
XIV	Czenstochau. 18. Nov. 1914 an Gustav Richter.	19
XV	Czenstochau. 25. Nov. 1914 an Frau von Bodenhausen (geb. Gräfin Degenfeld).	20
XVI	Huszt (in Ungarn; Nordhang der Karpathen). 27. Januar 1915 an Hugo von Hofmannsthal.	25
XVII	Huszt. 27. Januar 1915 an Gustav Richter.	29
XVIII	Ökörmezö in den Karpathen. 1. Februar 1915 an Hugo von Hofmannsthal.	32
XIX	Ökörmezö. 1. Februar 1915. an Gustav Richter.	35
XX	Ökörmezö. 9. Februar 1915 an Gustav Richter.	36
XXI	Ökörmezö. 23. März 1915. an Eberhard Freiherrn von Bodenhausen.	38
XXII	Ökörmezö. 9. Mai 1915 an Frau von Nostitz in Leipzig.	48
XXIII	Bursztyn (Galizien). 12. Juli 1915 an Gustav Richter.	54
XXIV	Trzeszczeny (bei Grubieszow am Bug, Polen). 25. Juli 1915 an Gustav Richter.	55
XXV	Cholm (Polen). 11. August 1915 an Gustav Richter.	62
XXVI	Adampol (bei Wlodawa am Bug). 17. August 1915	66

BRIEFE		SEITE
	an Gustav Richter.	
XXVII	Slawatytschi am Bug. 25. August 1915	81
	an Eberhard Freiherrn von Bodenhausen.	
XXVIII	Lager von Pugatschewa bei Brest-Litowsk. 30. August 1915	83
	an Gustav Richter.	
XXIX	Gut Ottschisna bei Kobrin (zwischen Brest-Litowsk und Pinsk). 12. September 1915	85
	an Gustav Richter.	
XXX	Kowel (in Wolhynien). 25. September 1915	89
	an Gustav Richter.	
XXXI	Kowel. 20. Oktober 1915	92
	an Eberhard Freiherrn von Bodenhausen.	
XXXII	Sawerinowka (Gegend von Kukli-Czartorysk in der Ukraine). 16. November 1915	93
	an Gustav Richter.	
XXXIII	Sawerinowka. 16. November 1915	95
	an Frau von Bodenhausen geb. Gräfin Degenfeld.	
XXXIV	Lissowo bei Czartorysk (Ukraine). 25. November 1915	99
	an Eberhard Freiherrn von Bodenhausen.	

133

ANHANG: DER ZUSAMMENBRUCH

BRIEFE	SEITE
Einleitung zu Brief XXXV	111
XXXV Berlin. 12. November 1918 an Oberleutnant Fritz von Schöler in Bern.	116